Adolf Muschg

Was ist europäisch?

Schriftenreihe Band 522

Adolf Muschg

Was ist europäisch?

Reden für einen gastlichen Erdteil

bpb:
Bundeszentrale für politische Bildung

Bonn 2005
Lizenzausgabe für die
Bundeszentrale für politische Bildung

Umschlaggestaltung: Michael Rechl, Kassel
Umschlagabbildung: Ausschnitt »Die Schule von Athen«, Raffael,
akg-images / Erich Lessing
Druck und Bindung: Friedrich Pustet, Regensburg
ISBN 3-89331-647-7

Für Roger de Weck

Inhalt

Vorrede

Zwischen November 2004 und Februar 2005 habe ich in Essen vier Vorlesungen gehalten, die erste in der «Villa Hügel», die – analog zum «grünen Hügel» in Bayreuth – zugleich den Fall deutscher Weltgeltung symbolisiert. Von weitem betrachtet, war man in der Gründerzeit dieser Häuser vom Absturz des 20. Jahrhunderts unvorstellbar weit entfernt gewesen. Und doch wurde er an beiden energisch vorbereitet: hier im gobelingeschmückten Zentrum der Waffenschmiede eines Reichs, an dem die Welt genesen sollte; dort an der Weihestätte einer Zukunftsmusik, die sie zum Verschwinden in einer Klangwolke bestimmte. In der Unterwelt des Reviers schürften schwarze Männer nach dem Stoff, aus dem das deutsche und europäische Verhängnis gewirkt war: in der «Dicken Bertha» ebenso wie im «Ring des Nibelungen».

Heute ist das Ruhrgebiet eine Kulturlandschaft ganz eigener Art, die sich in einem singulären und doch – weltweit betrachtet – auch beispielhaften Umbau befindet. Der Untergang hat stattgefunden, Europa hat seine Kriege, auch den kalten, überlebt, und ist überraschend einig daraus hervorgegangen. Es könnte, zum ersten Mal in seiner Geschichte, ein befriedeter Erdteil sein, wäre Frieden das Einzige, was es zum Leben braucht. Aber an der Ruhr ist nicht nur die Waffenschmiede aufgelassen, Bergbau und Schwerindustrie sind es auch, die globalisierte Welt sucht die Quellen ihrer Energie anderswo. Diejenige der Gruben und Hütten hat sich selbst begraben, aber ihre Denkmäler stehen noch, und die Städte über der stillgelegten und versiegelten Unterwelt auch. Sie grünen wieder und sind den Bewohnern teuer geblieben, aber zum Leben zu teuer dürfen sie nicht sein: eine Landschaft, die arbeitslos wird, verödet und stirbt.

Ich bin, als ich nach Essen fuhr, einer Bevölkerung auf intensiver Arbeitssuche begegnet, nicht nur auf dem Arbeitsamt, sondern auch bei sich selbst. Sie fragen sich, welche Arbeit sie brauchen, und wozu sie ihnen, außer dem bloßen Lebensunterhalt, dienen soll. Das Kulturwissenschaftliche Institut Nordrhein-Westfalens, das mich eingeladen hatte, war keine bloß akademische Institution, und die Bewerbung Essens um die «Kulturhauptstadt Europas 2010» keine Formalität. Sie zielte auf viel mehr als Kosmetik, Förderung kultureller Events und Verbesserung des Fremdenverkehrs. Das Ruhrgebiet braucht ein anderes Gesicht, um mit sich selbst weiterzuleben. Um keine Waise der Industriegesellschaft zu bleiben, muß es ein Modell zivilen Lebens entwerfen, das auch für andere gelten kann. Aus dem riesigen Schrottlager muß eine Werkstatt zukunftsfähiger Ideen werden: nur als Teil der Lösung, nicht als Teil des Problems steht man nicht mehr allein.

Meine «Krupp-Vorlesungen», die ich im Folkwang-Museum abschloß, begannen bereits in einem ästhetisch definierten Raum, aber es war alles andere als ein Museumsdirektor, der mir in der «Villa Hügel» begegnete. Die Geschichte des Ruhrgebiets trat mir in der eindrucksvollen Gestalt des 91jährigen Patriarchen Berthold Beitz entgegen, der das ihm zugefallene Erbe als Grandseigneur trug. Er hatte diskret zu verbergen gewußt, daß er 1941 als Verantwortlicher der Karpaten-Öl AG im galizischen Boryslaw Hunderte verfolgter Juden unter Risiko seines Lebens gerettet hat. Nach dem Krieg sorgten die Überlebenden dafür, daß er 1973 von der Gedenkstätte Yad Vashem als «Gerechter unter den Völkern» gewürdigt wurde.

Es war also keine Frage, daß der Schriftsteller, von Haus aus Teilnehmer einer «spezialisierten» Kultur, nicht nur von einem erweiterten Kulturbegriff ausgehen mußte, sondern auch von dessen Veränderung *in der Sache.* Europa ist Teil einer «globalisierten» Zivilisation, und wenn dieses Wort – nach meiner Überzeugung – die Anführungszeichen verdient, mußte es gleichzeitig Teil einer kritischen Betrachtung sein. Worin besteht das Problem, und was hat «Europa» zu seiner Lösung beizutragen? Aber das ist eine simplistische Fragestellung, die gerade einen Bürger Europas nicht zu ebenso schlichten Antworten verführen darf.

«Was ist europäisch?» So die Vexierfrage, unter der die Krupp-Vorlesungen standen. Und ich machte schon beim Schreiben die doppelte Erfahrung, daß eine solche scheinbar kulturhistorische Frage anders als sehr persönlich nicht einmal gestellt werden kann – und daß man sich mit der Antwort zuverlässig übernimmt. Der Ausweg aus der Falle ist im genauen Sinn fiktiv: der Vortragende machte deutlich, daß er nicht als Fachmann referiert, sondern als Schriftsteller von seiner Not berichtet.

«Es gilt das gesprochene Wort» – von diesem Bonus, den ich in Essen genoß, profitiert das Buch nicht mehr. Bleibt die Hoffnung, daß eben das Frag-würdige der Vorträge auch vor der Nachprüfung der Leser bestehen kann, und daß es sich – mit dem nötigen Bindestrich – als Beitrag zum Thema rechtfertigt. «Europa und sein Zweifel» wäre vielleicht ein besser passender Titel gewesen. Und er hätte zuerst dem Halsbrecherischen der Fragestellung gelten müssen – und der Berechtigung des Fragestellers.

Nun liegt diese vielleicht nicht zum geringsten, und einigermaßen paradox, darin, daß der Autor zwar in der deutschen Hauptstadt ein kulturell definiertes Amt bekleidet und daß er es anders als «europäisch» weder verstehen noch wahrnehmen kann – die Akademie ist, mit allen historischen Metamorphosen, eine europäische Institution –, daß er aber selbst kein EU-Bürger und in Europa nicht wahlberechtigt ist. Sein Land, die Schweiz, geographisch im Zentrum des Erdteils gelegen, hat 1993 den Beitritt zum europäischen Wirtschaftsraum in einem Plebiszit (knapp) abgelehnt und sich selbst damit auf den Weg «bilateraler Verhandlungen» und «autonomen Nachvollzugs» verwiesen. Das ist eine Tatsache, die sich in einer direkten Demokratie auf dem gleichen Weg ändern läßt, auf dem sie geschaffen wurde. Aber da die Stimmung dafür in der Schweiz nicht günstiger geworden ist, kann ein Europa-Freund mit normaler Lebenserwartung kaum damit rechnen, daß sich der – wie er glaubt: nötige und richtige – Sinneswandel noch innerhalb derselben vollzieht.

Damit aber ist eine gebrochene Optik auf mein Thema vorgegeben. Man kann nicht, wie es in diesen Vorträgen geschieht, sein Europa als Gegenstand einer *politischen* Entscheidung darstellen, ohne die politische Wahl, die das eigene Land einstweilen getroffen hat, zu respektieren, auch wenn man sie bedauert. Ich fände es durchaus keinen Glücksfall – auch wenn es der wahrscheinlichste ist –, wenn der Sonderweg der Schweiz aus rein wirtschaftlichen Gründen unhaltbar werden sollte. Dafür, daß «Europa» das Thema dieser Krupp-Vorträge war, kommt meine Staatsangehörigkeit vielleicht zu aufdringlich ins Spiel. Dabei war mir bewußt, daß gerade ein Bürger meines Landes, das sich von der EU ausgeschlossen hat, keine Empfehlungen für Europa abgeben sollte, auch wenn sie in der Sache – denn es geht um föderalistische Kultur – naheliegen, und obwohl mancher grenzüberschreitende Leistungsnachweis meiner Republik dazu berechtigt.

Immerhin schärfte das Dilemma des Autors den Sinn für eine begriffliche Trennung, die er für mehr als angezeigt hält: die EU ist nicht Europa; Europa beschränkt sich nicht auf die EU. Diese Differenz ist leichter ausgesprochen als beachtet. Doch wer das politische Projekt der Union mit aller Verbindlichkeit ausgestattet wünscht, die ihm als Wendepunkt der Geschichte zukommt, mag sich nicht hinter einer «kulturellen Größe» Europa verstecken, auch wenn diese nur grenzüberschreitend sein könnte; *weil* sie nichts anderes sein kann. Denn jetzt kommt es darauf an, in einem definierten Raum, innerhalb einer gegebenen Frist, soviel wie möglich von dem zu *verwirklichen*, was Europäern als beispielhaft für die Zivilisation der menschlichen Gesellschaft vorschwebt. Und da ist es zuerst ihre eigene Gesellschaft, in der das Beispiel statuiert werden muß: *hic Rhodus, hic salta.*

«Der Sinn erweitert, aber lähmt; die Tat belebt, aber beschränkt», heißt es in Goethes «Wilhelm Meister». Die Europäische Union ist nicht nur eine Tatsache, sie ist eine Tat. Ihre Beschränkung in Kauf zu nehmen, gehört jetzt zu den europäischen Pflichtaufgaben. Der «europäische Sinn» mag weiter schweifen, wie er will und muß: lähmend ist er jetzt lange genug gewesen.

So ist der Autor ein gespaltener Europäer. Ihm bleibt nur die Chance, diese Spaltung nicht nur bei sich selbst zu suchen, sondern in ihr eine paradoxe Triebkraft des politischen vereinigten Europa zu vermuten; sogar eine, ohne die es nicht wäre, was es werden kann. Es mag also keine europäische Tugend, wohl aber eine europäische Notwendigkeit sein, den Bildern Europas einen Prozeß zu machen. Und daß es auch ein persönlicher Prozeß – und einer mit offenem Ausgang bleibt –, braucht man nicht zu verstecken.

Hier ist ein Autor zu lesen, dem zu Europa viel fehlt – noch mehr, als ihm selbst zum Experten fehlt, oder gar zum Propheten. Und dem es immer noch fehlen würde, wenn die Schweiz Mitglied der EU und die EU die beste aller möglichen Welten wäre. Solange nichts dergleichen zu befürchten ist, will der Liebhaber Europas den Vorwurf des Dilettantismus nicht scheuen.

Ich habe zu danken: der Krupp-Stiftung, und zuerst ihrem Sachwalter Jörn Rüsen, der als Präsident des Kulturwissenschaftlichen Instituts Nordrhein-Westfalen die Vortragsreihe veranlaßt und sie als lieber Kollege mit Geist und Teilnahme begleitet hat; seinen Mitarbeiterinnen und Mitarbeitern, besonders Frank Born, der für viel mehr besorgt gewesen ist als für eine funktionierende Organisation. Die Gesprächsrunde nach der Vorlesung bedeutete mir viel, ebenso das Gespräch mit dem Leistungskurs Deutsch und ihrem Lehrer Henner Laass an der Waldorfschule «Hibernia» in Herne. Zu danken habe ich dem Verlag C. H. Beck für seine Sorgfalt und die gute Gesellschaft der früheren Krupp-Vorträge, in der die meinen hier erscheinen. Nicht zu entbehren waren aber auch die Fragen und der Widerspruch einer dezidierten Nicht-Europäerin: meiner Frau.

Berlin und Männedorf, im Februar 2005 *Adolf Muschg*

I. Europa, oder die Geschichte einer Ent-Täuschung

Die Europa der altgriechischen Sage war eine phönizische Königstochter, die mit ihren Gespielinnen in der Gegend des heutigen Gaza-Streifens Blumen pflückte, als Zeus sie in Stiergestalt entführte und über das östliche Mittelmeer nach Kreta trug. Europa ist keine Europäerin – damit fängt unsere Geschichte an. Selbst die Schrift, in der wir der Sage ihres Ursprungs begegnet sind – ich selbst in der jugendfreien Version von Gustav Schwabs «Sagen des klassischen Altertums» –, ist phönizischen Ursprungs. Demnach ist schon das Alphabet, in dem ich mein Thema buchstabiere, die Leihgabe einer fremden Kultur. Aber: was heißt hier fremd? Europa ist – überspitzt gesagt – kein europäisches, jedenfalls nie ein *nur* europäisches Thema. Ich fürchte, daß uns dieses Dilemma über meine ganze Vortragsreihe begleiten wird. Aber ich will es auch hoffen.

Die zeitlichen Grenzen, in denen wir Europa definieren, sind willkürlich; und wenn wir erst zum Problem seiner räumlichen Grenzen kommen, verliert das Wort «Willkür» auch noch jede formale Unschuld. In der europäischen Geschichte tritt das gewalttätige Muster ihrer Komponenten unverstellt hervor. Die Substanz dessen, was wir «europäisch» nennen, ist – jedenfalls in den letzten dreihundert Jahren – an konkurrierende Nationalstaaten gebunden, die ihre Interessen und Konflikte über den Globus verbreitet und ihn an allen vier Enden damit angesteckt haben – zuletzt in Form zweier Weltkriege, welche die Europäer (diese Zusammenfassung sei vorläufig erlaubt) alle miteinander verloren haben. Ohne diese Niederlage gäbe es das Europa, von dem wir reden, gar nicht. Auf dem Boden einer Geschichte, die alles andere als gemeinsam war, wurde den Europäern die Notwendigkeit ihrer Gemeinschaft eingetränkt. Ruinen sind das unansehnliche und doch unentbehrliche Fundament, auf dem sie – die Erbfeinde Frankreich und Deutschland zuerst – die Anfänge jener politischen Union errichtet haben, die sich heute auf eine in ihrer Geschichte ein- und erstmalige Staatsförmigkeit zubewegt.

Dieser Prozeß begann unter dem Druck, aber auch im Schutz des Kalten Krieges. Als die Kontinentaleuropäer Kohle und Stahl, den Rohstoff ihrer Kriege, in einer «Montanunion» nationaler Verfügung entzogen, hatten sie als Weltmächte abgedankt, und die Deutschen akzeptierten, daß man ihnen nur noch eingeschränkte Souveränität zubilligte und zutraute. Der europäische Zusammenschluß war Ausdruck europäischer Selbstkontrolle, und das hieß konkret: der definitiven Einbindung der verkleinerten und gespaltenen, doch immer noch gefürchteten Mittelmacht, die der Morgenthau-Plan in einen reinen Agrarstaat hatte zurückbauen wollen. In erster Linie aber verstand sich das westliche Europa, ungefähr in den alten karolingischen Grenzen, als ein gerettetes Stück freie Welt, als Teil einer transatlantischen Verteidigungsgemeinschaft, die sich – angesichts eines massiv und auch solide wirkenden Feindes – auf unabsehbare Dauer eingerichtet hatte.

Erst mit der überraschenden Implosion des Sowjetblocks öffnete sich diese Klammer fast über Nacht. Plötzlich kam der europäischen Entwicklung das Vorzeichen des Kalten Kriegs abhanden, mit der unerwarteten Folge, daß das Europa der historischen Niederlage nach Osten zu expandieren begann. Zugleich löste es sich – lange unmerklich – von der transatlantischen Bindung, die ihr einen bisher un-

bekannten Grad politischer Kohäsion aufgedrungen, aber auch die Entwicklung einer tragenden «europäischen Idee» erspart hatte. Der größte gemeinsame Nenner blieb pragmatisch und hatte die nationalen Grenzen in erster Linie wirtschaftlich geöffnet. Darüber hinaus fühlte man sich im Zeichen von Demokratie und sozialer Marktwirtschaft verbunden, und, schon weniger solide, im Zeichen christlicher Prägung. Am fragwürdigsten war hierbei der Faktor der «abendländischen Kultur». Im westlichen Teil des geteilten Deutschlands entwickelte sich an der Stelle der diskreditierten Nation der Ersatzstoff «Verfassungspatriotismus».
Die reale Anziehungskraft dieses «Kerneuropa» aber beruhte auf seinem Wohlstand, seinem wirtschaftlichen Erfolg. Er bedurfte am Ende des 20. Jahrhunderts bei den über Nacht frei gewordenen Randstaaten des ehemaligen Ostblocks kaum noch einer ideellen Empfehlung. Es schien – wie zuvor bei der deutschen Vereinigung – einfach zusammenzukommen, was zusammengehörte. «Europa», bisher eine Größe der Vergangenheit, wurde zum Decknamen für eine fast blinde Zukunftsinvestition größten Umfangs, für einen Sprung der Geschichte, der ihrer Revision verblüffend ähnlich sah – und mit ihr doch nichts zu schaffen haben wollte.
Das Zauberwort «Europa» verbarg den Beteiligten aber nicht sehr lange, wie weit sie sich voneinander entfernt hatten und wie wenig sie voneinander wußten. Besonders in west-östlicher Richtung war das Gefälle der Ignoranz, durch ideologische Geringschätzung verstärkt, schon bei der deutschen Vereinigung eklatant gewesen. Mit der als «europäische Einigung» drapierten Erweiterung der EU ist der europäische Prozeß vollends zu einer Gleichung mit vielen Unbekannten geworden. Und die Frage steht im Raum, ob er von jener noch viel rascher galoppierenden Revolution, die wir unter dem vieldeutigen Begriff «Globalisierung» zu fassen suchen, nicht bereits überholt ist, während er noch

läuft, ob er ihr etwas Identitätsmächtiges entgegenzusetzen hat, und wenn ja: wie wünschbar dies ist.

Wir kennen die Grenzen nicht, an welche die wirtschaftliche Vereinigung der Welt stößt. Aber wir bekommen sie zu fühlen und haben starke Gründe, sie mit Besorgnis zu betrachten. Denn die vermeintliche Rationalisierung des Planeten unter monetärem Vorzeichen hat ihn weder friedfertiger noch einiger gemacht. Sie ist mit einer nicht minder globalen Entzivilisierung verbunden, die seit dem Ende der bipolaren Welt auch in Westeuropa viele soziale Errungenschaften der Nachkriegsjahre aufzehrt. Mit dem Machtmonopol der USA ist zugleich ein als Glaubenskrieg ausgetragener weltweiter Verteilungskampf um Ressourcen ausgebrochen, von denen Sicherheit die teuerste und inzwischen auch illusionärste ist. Denn der Schauplatz dieses neuen Weltkriegs ist überall und nirgends, und jeder Versuch, ihn – wie im Irak – zu lokalisieren und mit überlegener Militärmacht dingfest zu machen, verbreitet ihn weiter und benützt die inneren Widersprüche seiner Teilnehmer, um sich ins Heillose auszuwachsen. Was heute – in schrecklicher Vereinfachung – als «Kampf der Kulturen» deklariert wird, erscheint aus Sicht der Betroffenen zugleich als heiliger Krieg orts- und zeitgebundener «Kulturen» gegen eine globalisierte «Zivilisation», deren Mittel und Techniken zugleich unentbehrlich geworden sind – selbst zur Verteidigung der Werte, die sie auszulöschen drohen. Ein solcher Krieg aber kennt keine Sieger, denn in seinem unlösbaren Widerspruch macht er aus jedem seiner Teilnehmer zugleich einen Betroffenen und greift nicht nur seine soziale und reale Sicherheit an, sondern seine existentielle Identität: Sie kann nur noch behauptet, nicht mehr gelebt werden. Ob das Surrogat dieser verlorenen Sicherheit in militärischer Dominanz oder dem fraglosen Besitz von Wahrheit gesucht wird: es bleibt zuverlässig Teil jenes Problems, das es zu lösen behauptet. Für eine Welt, der es

– theoretisch – nie besser gehen könnte als heute, befindet sich die unsere in einem heillosen Zustand, und die Heilserwartungen, die ihn begleiten, und die Machtdemonstrationen, die darauf antworten, potenzieren nur das globale Ohnmachtsgefühl.

Wo steht Europa in diesem Prozeß, oder, um es schlecht und modern auszudrücken, wie *positioniert* es sich, woher nimmt es die Grundlage, die Freiheit, den *Willen* zu sich selbst? Gibt es diesen europäischen Willen überhaupt, wovon nährt er sich, und ist er denn wünschenswert? *Lohnt sich* Europa?

Wirtschaftlich betrachtet – offenbar ja. Die Kandidaten drängen sich immer noch vor der Tür der EU, die sich von einem Anschluß sowohl wirtschaftlichen Vorteil wie Reform ihrer politischen Verhältnisse versprechen. Doch wo liegt die Kapazitäts- und Toleranzgrenze eines prosperierenden Europa? Wenn die Beteiligung an seiner Geschichte zum Beitritt berechtigt: warum soll dieser Anspruch für die Türkei eher gelten als für die Ukraine, oder auch für das riesige Rußland? Ist St. Petersburg keine «europäische» Stadt? Warum bleibt Serbien einstweilen vor der Tür, warum ist Israel – angesichts der jüdischen Prägung der christlichen Zivilisation – kein Beitrittskandidat? Natürlich wissen wir warum, die Begründung lautet von Fall zu Fall anders – aber wie «europäisch» sind diese Gründe und ihr Pragmatismus?

Sie wären noch weniger zu halten, wenn sich Europa *nur* als wirtschaftliche Größe verstünde. Dann wäre es in erster Linie ein Markt, bei dem die Standortqualität und, wenn er denn ein freier Markt sein will, der nötige Wettbewerb den Ausschlag geben, damit Angebot und Nachfrage ungestört spielen können. Für einen solchen Markt wäre Expansion nur natürlich – andere als marktpolizeiliche Gründe, jemanden von ihm auszuschließen, lassen sich eigentlich nicht vertreten. Macht man sie dennoch geltend, so setzen sie sich dem Vorwurf von Willkür und Diskriminierung aus – erst recht, wenn sie mit einer «europäischen» Ideologie verbrämt sind. Als geschlossener Club, gar als «Festung Europa», fordert Europa den Rest der Welt, der sich auch als solcher behandelt fühlt, zum Widerspruch und Widerstand heraus. Spätestens in dieser Form meldet sich die Geschichte, die unterschlagene Erinnerung an die Vergangenheit zurück und macht ihren ganz eigenen, an keiner Börse gehandelten Kurswert geltend. Als Moralisten des Wohlstands sehen die Europäer zwar bekannt, aber nicht eben gewinnend aus.

Wenn Europa aber – wie ich glaube – als bloßer Wirtschaftsraum und expandierende Freihandelszone in keinem Sinn des Wortes zu halten ist, wenn es etwas mehr – und vielleicht auch: entschieden weniger – sein will, was ist es dann? Was ist europäisch? Diese Frage kulturell zu beantworten, ist ebenso mißlich wie unvermeidlich. Versucht man aber, sie politisch oder gar moralisch zu beantworten, kommt man zuverlässig in Teufels Küche – und das ist keine Metapher.

Und doch führt kein Weg an dieser Küche vorbei. Ich werde, neben historischen, ebenso frag-würdige kulturelle wie ethische Antworten auf die Titelfrage suchen müssen, in der einzigen Gewißheit, daß sie nur immer zu größeren Fragen führen können. Aber wenn es denn doch so etwas wie Zuversicht auf diesem Weg gibt, so liegt sie in der Vermutung, daß wir uns auf einem den Europäern von Haus aus vorgezeichneten Weg finden, auf dem man in jeder Richtung nach Europa – einem geläuterten Europa – zurückgelangt.

Denn dieser Weg zur größeren Frage hat seine Wegweiser, die – von Sokrates über Voltaire bis Wittgenstein – eben darum Europäer waren, weil sie diese Fragen nicht nur an Europa gestellt haben. Sie haben das Fragezeichen zu Ehren gebracht, das, soviel wir wissen (und wir wissen noch immer sehr wenig), über nur *einer* uns bekannten Tierart hängt, als Damoklesschwert, aber auch als Leitstern der Zivilisation. Allen anderen Lebewesen wird dieses Fragezeichen durch ihre weitergehende biologische Programmierung abgenommen. Jedenfalls scheint es uns so, doch sogar dieser Schein könnte trügen und ein Merkmal anthropozentrischen Hochmuts sein, zu dem uns in unserem Umgang mit der Natur durchaus nichts berechtigt. Wir wissen – ich wiederhole es, gern oder ungern – sehr wenig: aber auch darüber sich keiner Täuschung hinzugeben, möchte ich einstweilen heuristisch, nicht dogmatisch, als Signatur des Homo sapiens erkennen. Und selbstverständlich verbietet die geistige Redlichkeit, es als exklusiv europäisch zu betrachten. Es ist in anderen Teilen der Welt nicht minder gründlich und oft tiefer gefragt worden als im sogenannten Abendland. Und was wäre Europa ohne den Austausch mit Kulturen, die seine Art, zu fragen, ihrerseits in Frage gestellt haben?

Was also ist europäisch? Bitte erwarten Sie von mir jetzt keine sogenannte Gratwanderung. Bei jeder wäre der Absturz programmiert, und vielleicht wäre er sogar das Beste daran. Nein, der Weg, den ich mit Ihnen gehen möchte, führt an jeder wichtigen Stelle, und sogar mit jedem Schritt, in die *Aporie* – und das griechische Wort wäre mit «Weglosigkeit» immer noch zu harmlos übersetzt. Er führt unweigerlich in den *Konflikt* – zuerst in den Konflikt mit mir selbst. Ein Europa *mit* Grenzen kann ich mir so wenig vorstellen, wie ich mir ein Europa *ohne* Grenzen wünschen kann. Ein Europa, das die Wirtschaft für seinen Zusammenschluß entbehren könnte, gibt es nicht; ein Europa, das auf nichts weiter als wirtschaftlichen Erfolg gegründet wäre, hätte keinen Bestand. Die Geschichte Europas ist ein notwendiger, aber kein zureichender Grund für seine Einigung; ignoriert es aber diese Geschichte, so hat es gar kein Fundament. Europa ist am Nationalismus zugrunde gegangen; aber ohne Nationalitäten ist es nicht lebensfähig. Europa ist ein kosmopolitischer Index auf die Seele gebunden; beruft es sich aber vor anderen darauf, macht es ihn gegen Nichteuropäer als *Anspruch* geltend, hat es sich schon selbst verraten. Ich liebe Europa, ich setze meine politische Hoffnung darauf – und als Europäer bin ich zu wissen verpflichtet, daß ich nicht unmenschlicher irren kann als in der Liebe und daß mich nichts abscheulicher – und nichts lächerlicher – täuschen kann als die Hoffnung.

Es gibt zum Glück auch einen ganz banalen Grund, warum ich – beim Thema Europa – auf Gratwanderungen gern verzichte. Wir bewegen uns auf dem Boden der Realität. Er ist nur darum nicht platt zu nennen, weil die Realität vielschichtig ist. Aber bei jedem Schritt, den wir auf diesem Boden tun, ist Ent-Täuschung das Übliche. Konflikte sind normal. Nicht ganz so üblich, und sehr wenig normal ist es, daß wir Enttäuschung ertragen und Konflikte gelten lassen. Es ist geradezu die kulturelle Ausnahme. Darauf setzt die Politik – in Europa wie überall – nicht gerne, und sie weiß warum. Mit der Anerkennung von Konflikten lassen sich keine Wahlen gewinnen. Parteiparolen pflegen nicht als offene Fragen formuliert zu werden, fast so wenig wie wirtschaftliche Ziele. Politiker, die sich für Europa engagieren, machen die Voraussetzung, daß Europa uns nicht enttäuschen wird. Das aber tut es zuverlässig auf Schritt und Tritt, und wir sollten uns nicht wundern, warum die Beteiligung an Europa-Wahlen – als Spiegel der inneren Beteiligung an Europa – ihrerseits enttäuschend ist.

Natürlich ist Europa ein anspruchsvolles Geschäft, eines, das den Europäern – als staatsförmiges Projekt – noch nie aufgegeben war. Sie kamen bisher explizit nicht einmal in die Nähe davon – vereinzelte Visionäre wie Victor Hugo, Coudenhove-Kalergi oder Heinrich Mann ausgenommen. Europa ist nichts, wozu man Ja oder Nein sagen kann –

hier redet ein Schweizer, der ein halbes dutzendmal im Jahr gerade in diesen Fall kommt. Müssen die Bürger aller europäischen Staaten unbedingt gefragt werden, ob sie zu einer europäischen Verfassung ja oder nein sagen? Ich bin nicht sicher. Dafür kenne ich meine eigene «Verfassung» zu gut und einige Gründe, plebiszitären Verkürzungen der Realität zu mißtrauen. Europa ist kein passendes Objekt für populistische Behandlung, und diese ist im Medienzeitalter unvermeidlich. Man muß keine plebiszitär gebrannte Demokratie sein, wie die deutsche, um Ja-oder-Nein-Fragen zu Europa zu fürchten.

Digitale Entscheidungen sind etwas für den Not- und Ausnahmezustand oder für Kierkegaardsche Gewissensentscheidungen. Ich habe Respekt davor, aber im Fall Europas halte ich die Einladung, Vielschichtigkeit zu ignorieren, für tödlich. Ja, wenn die Wahrheit eine Münze wäre, sinniert Lessings Nathan, bevor ihm die berühmte Ringparabel einfällt – als offene Antwort auf eine Frage, die in der Form, die ihr der Sultan gegeben hat, leider nicht zu stellen ist. Der Euro mag nur zwei Seiten haben – Kopf oder Zahl. Aber Europa hat – wie jede Realität – immer noch mindestens eine dritte Seite. Selbst die Zahl, als Symbol der Wirtschaft, hat mit so vielen Unbekannten zu rechnen, daß sie selbst unberechenbar ist. Der Kopf – als Symbol nationaler Zugehörigkeit – bleibt eine feste Größe, obwohl seine geschichtliche Kopflosigkeit erwiesen ist. Selbst der Computer, für digitale Operationen angelegt, kommt ohne *Fuzzy Logic* nicht aus, und die Erforschung des Chaos steckt noch in den Kinderschuhen, wenn man sie mit den Operationen unseres Gehirns vergleicht – die ihrerseits Chaos eher produzieren als lösen. «Euer Wort sei ja, ja, nein, nein – was darüber ist, ist von Übel» – das steht zwar in der Heiligen Schrift, aber sie wäre keine Frohe Botschaft, wenn sie sich selbst an diese Maxime gehalten hätte.

Wie kann einer Europäer sein, der zu Europa nicht mit gleicher Überzeugung ja *und* nein sagen kann und muß? Besser als mit einer ohnehin fiktiven Entscheidung ist ihm dann noch mit der Einsicht Niels Bohrs gedient – sie hatte mit bestimmten Symmetriegesetzen der Teilchenphysik zu tun –, wahre Sätze seien am einfachsten daran zu erkennen, daß das Gegenteil genauso wahr sei. Eine Weisheit, die schon zweihundert Jahre früher ein Teenager in Goethes «Wanderjahren» ausgesprochen hat, mit dem koketten Zusatz, vielleicht, weil sie eine Frau sei, finde sie das Gegenteil immer noch ein bißchen wahrer.

Damit ist das Wort «Aporie» zu einem Charme gekommen, den es wohl gebrauchen kann: denn das griechische Fremdwort bezeichnet den Normalfall der Realität, auch der europäischen. Das Kulturmerkmal kommt erst darin zum Vorschein, *wie* man sie behandelt – am Ende auch: politisch behandelt. Und wenn das klassische Athen in einem Punkt als Vorbild gelten kann, dann in diesem. Die Aporie war ein Fall für die Tragödie. Es war Bürgerpflicht, ihr im Theater beizuwohnen, in Jammer und Schaudern Augenzeuge zu sein, wie sich – das ist der fatale Normalfall – unvereinbare Werte so unversöhnlich gegenüberstehen wie Kreon und Antigone oder wie in der «Orestie» die Ansprüche des alten Mutter- und des neuen Vaterrechts. Die Tragödie machte ihren Anspruch im Opfer geltend – aber im Licht des schrecklichen Ernstes, den es im Theater verbreitete, erkannten die Bürger das Eine, was sie keiner Tragödie opfern durften: ihre Polis. Und der rechte Ort für diese Konsequenz war die Agora, kein Schauplatz mehr, sondern ein Streit- und Spielplatz der politischen Widersprüche, in dem die Bürgerschaft ihre tragische Lähmung abschüttelte. Hier wurde der politische Diskurs des Abendlandes geboren, als realistische Katharsis, als reinigende, zur normalen Enttäuschung fähige Konsequenz aus der normalen Aporie.

Dionysostheater und Agora sind zwei Seiten der Einen Polis, auch wenn sie in Athen auf entgegengesetzten Seiten der Akropolis angesiedelt sind, zwei Zentren einer Ellipse, welche eine humane Kultur abbilden. In ihr bedeutet die Aporie also nicht die Widerlegung, die Vernichtung der politischen Kultur, sondern Anlaß und Anstoß zu ihr. Sie bleibt der fortgesetzte Versuch, der vielschichtigen, widersprüchlichen und enttäuschenden Realität, der wir von den Göttern ausgesetzt sind, gemeinschaftlich beizukommen – so frei und gerecht wie möglich, so erfinderisch und solidarisch wie nötig. Dazu gehört ungeheure, im Wortsinn radikale – an die Wurzeln des Menschen gehende – Vorstellungskraft. Die Tragödie versteht sie zu wecken. Die Kunst hält sie immer noch wach, bis heute.

Wie in Athen so ging es auch in unserer jüngeren Geschichte zu. Der europäische Diskurs, die Einigung Europas war die Geburt einer Tragödie Europas, einer denkbar umfassenden Niederlage, deren Zentrum – ein Schwarzes Loch der Geschichte – sich bei einem Namen nennen läßt: Auschwitz. Die europäische Einigung sei – das ist eine Hoffnung – der gemeinschaftliche Versuch, dieser Tragödie, der Zivilisation *als* Tragödie, beizukommen, in der Form einer Zivilisation als Diskurs.

Das Regelwerk dafür versucht jetzt auch eine geschriebene Verfassung Europas festzuhalten. Sie kann und darf die europäischen Widersprüche nicht aufheben, aber sie kann sie bearbeiten und den Konflikten, die die Realität – auch die europäische – konstituieren, eine kunstvolle, weise, zur Enttäuschung begabte Form geben, mit der Europäer, und nicht nur sie, leben können.

Ohne Opfer geht es freilich auch auf der Agora nicht ab, aber die Blutopfer der europäischen Tragödie sollen es nicht mehr sein. Ohne Opfer geht es nicht ab – diesen Satz möchte ich unterstreichen, denn er wird in meinen Überlegungen eine zentrale Rolle spielen; im vollen Bewußtsein, daß es *kein* Hauptsatz der Ökonomie ist. Im wirtschaftlichen Denken widerfährt dem Opfer keine Ehre. Entweder bringt man es spekulativ, um eines größeren Vorteils willen, oder man fordert es von den andern. Aber die Stadtgottheit Athene, deren Tempel über beidem steht, Theater und Agora, war – wie man in der «Orestie» des Aischylos nachprüfen kann – sehr wohl verhandlungsfreundlich und auch kompromißfähig. Doch die Göttin des Handels war sie nicht, sondern jener politischen Weisheit, die über Ja und Nein steht und für das Ausgeschlossene Dritte. Und im Zeichen dieser Gottheit war auch die Agora kein bloßer Markt – den rechneten die Athener zur «Banausia» –, sondern ein politischer Ort, an dem der Widerspruch demokratisch kultiviert wurde, um ihn zivil zu lösen.

Ist das europäisch? Ich wünsche es; zugleich bin ich dankbar, daß die Europäische Union auf fromme Wünsche nicht angewiesen ist. Ihre reale Verfassung ist weiter als die geschriebene, mit der Europa nicht mehr steht und fällt. Es ist für seine Bürger, eingeschlossen diejenigen meines eigenen Landes, wie sie auch dazu stehen mögen, Teil ihrer Realität geworden, mit der sie nicht nur – zum erstenmal in einer gemeinsamen Währung – täglich rechnen, in der sie auch leben. Sie haben vielleicht weniger europäische Identität nötig, als ihnen Politiker in wohlgemeinten Festreden glauben ans Herz legen oder – wie in meinem Land – ausreden zu müssen. Sie scheinen diese Identität auch nicht eben brennend zu vermissen, und die Intellektuellen weigern sich fast durch die Bank einigermaßen standhaft, sie ihnen nachzuliefern.

Leider bleiben sie Europa auch den Widerspruch schuldig, mit dem ihm eher gedient wäre. Man mag ebenfalls beklagen, daß der europäische Diskurs, soweit er diesen Namen verdient, unter Ausschluß der Öffentlichkeit stattfindet, die ihn auch nicht eben stürmisch anmahnt. «Brüssel» ist kein Ort, der die Phantasie beflügelt. Es scheint sich hauptsächlich als Zentralbehörde des Wettbewerbs um jeden Preis zu verstehen, als Vatikan regulierter Deregulation. Was durch verschlossene Türen dringt, klingt eher technokratisch als politisch und – im Sinne des klassischen Athen – ziemlich banausenhaft.

Das könnte für die Zukunft Europas auch ein bißchen wenig sein – und anderseits wiederum schon zu viel. Es ist gut, daß das Parlament in Straßburg allmählich aus seiner marginalen Rolle heraus- und in diejenige einer Agora hineinwächst. Aber der europäische Prozeß scheint selbst gegen Steuerfehler unempfindlich, er schreitet in der Realität erstaunlich robust voran und scheint unverdrossen seine eigene Wirklichkeit zu erzeugen. Der fromme Wunsch, den man der Vereinigung am ehesten mitgeben möchte, bezieht sich auf seine Konfliktfähigkeit, die noch unverdrossener werden könnte: bis zur sportlichen Freude auch zum Konflikt mit sich selbst. Sie braucht sich nicht am Gegenbild Amerikas zu orientieren – George W. Bush wird als Identitätshelfer ja nicht unbeschränkt zur Verfügung stehen, auch wenn die nächsten vier Jahre für die Welt noch lang werden können. Wenn für die europäische Integration Tragödien, reale und absehbare, nicht zu entbehren sind, so besteht an ihnen weltweit leider kein Mangel, und diejenige, die Europa selbst hinter sich hat, müßte als Stoff der Besinnung noch für einige Generationen ausreichen. Die Frage, wie Geist und Ungeist der globalen Zivilisation in europäisches Handeln umzusetzen wäre, ist damit natürlich nicht beantwortet, und man ist versucht, sich mit dem Bonmot zu trösten, daß der Mensch seine Probleme noch nie anders gelöst hat als dadurch, daß er größere bekam.

Das ist nicht so zynisch gemeint, wie es klingt. Ich glaube, daß der europäische Zusammenschluß nicht besser gefördert werden kann als durch die Erfahrung, daß er jeden

Tag stattfindet und in erstaunlichem Grade schon stattgefunden hat; in der Gewohnheit, sogar im Vertrauen der Europäer – Medien, die für den Alltag noch wirksamer sind als das Fernsehen. Die europäische Einheit, die sich auf Papier – auch demjenigen einer Verfassung oder einer Landkarte – nicht herstellen, im Kopf nicht begründen läßt, schleicht sich gewissermaßen als empirische Größe ein und wird in dieser Form eine Tatsache, und als solche unwiderleglich. Freilich: um diese Größe zu behalten und um auf verfänglichere Formen von Größe zu verzichten, wird die europäische Tatsache einiger Pflege bedürfen; und diese ergibt sich nicht von selbst.

Soll man Europa eine ideelle Größe zumuten, eine moralische verschreiben? Davor stehen so viele historische Warnzeichen, daß ich hier lieber gar nicht erst weiterdenke – ein Verzicht, der einem sogenannten Intellektuellen nicht ganz leichtfällt, aber in diesem Fall hat er mit Kleinmut nichts zu tun. Ich kann als Bürger meines Landes auf eine staatliche, ich sage lieber: eine föderalistische Erfahrung hinweisen, auf die ich mein Vertrauen ganz pragmatisch – und vielleicht nur so – stützen kann. Sie wissen, daß ich von Haus aus helvetischer Selbstgratulation eher unverdächtig bin. Da dürfte das Lob um so unverdächtiger sein, daß ich die Schweiz auch ohne Idee ein wohlgelungenes Staatswesen finde. «Idée Suisse» in Ehren – aber sie ist das Logo der Schweizerischen Radio- und Fernsehgesellschaft und als solches ein Stück Eigenwerbung – vielleicht nicht zufällig in der Prestigesprache Französisch verfaßt. Auf Deutsch klänge die «Idee der Schweiz» oder gar die «Idee Schweiz» nur noch naiv, auch wenn Max Frisch seine Landsleute in den frühen fünfziger Jahren mit der Frage geärgert hat, ob die Schweiz «noch eine Idee» habe – die Provokation war vielleicht vor dem Hintergrund schweizerischer Selbstgefälligkeit berechtigt. Von dieser ist inzwischen fast nichts mehr übrig: Ich glaube, daß inzwischen die große Mehrheit der Schweizer die Einsicht Martin Salanders vor hundertzwanzig Jahren (seinem Erfinder, dem alten Gottfried Keller, tat sie noch weh) gelassen unterschreiben würden: «C'est chez nous comme partout.» Heute ist auch die privilegierte Schweiz ein von sich selbst gründlich ent-täuschtes Land. Schlechter geworden ist sie davon nicht – im Gegenteil. Damit ist auch ihre Europafähigkeit keine Frage mehr – mit oder ohne formellen Beitritt, der sich noch ein paar Jahre verzögern mag. Es geht auch so – und ob sich die Schweiz bewegt oder ob sie bewegt wird, macht dabei keinen großen Unterschied. Daß sich die EU diesen bilateralen Prozeß der kleinen Schritte gefallen läßt, kann man umgekehrt als Ausdruck ihrer politischen Reife lesen. «Europa», zu dem die Schweiz so oder so gehört, anerkennt damit die Errungenschaft der Schweiz als gemeinschaftsdienliche Leistung. Sie hatte nicht einmal eine Idee nötig, nur den Tatsachen schaffenden Willen, das Bündnis kleiner und kleinster Gemeinwesen in einer für alle erträglichen Form zu gestalten, Minderheiten eher zu bevorteilen als zu majorisieren, die Menschenrechte zu schützen und die Bürgerrechte sogar ein wenig weiter zu treiben als anderswo. Das sind Errungenschaften, die – weltweit betrachtet – noch immer wie reine Utopien anmuten und die in einer Epoche geschaffen wurden, als es der Schweiz materiell bei weitem nicht so gut ging wie heute. Sie war damals schon, noch vor der Existenz eines politisch geeinigten Europa, ein europäisches Land, im Sinne des gegenwärtig vorliegenden Verfassungstexts; sie ist es heute wieder, unabhängig davon, ob sie ihn heute oder erst übermorgen unterzeichnet. Litauen hat ihn gerade als erstes Land ratifiziert, und es darf als gewiß gelten, daß die willigen Kandidaten der Union die föderalistische Kultur des Ganzen noch auf harte Proben stellen werden – härtere als ein noch unwilliger, doch wohlbestallter Kleinstaat, wenn auch bei weitem nicht so harte wie sein politisches Selbstverständnis *als*

Union. Die Frage ihrer geopolitischen Stellung wird sie zwar in einer anderen Größenordnung, aber nicht grundsätzlich anders beschäftigen, als sie die Schweiz Jahrhunderte lang in einem zerstrittenen Europa beschäftigt hat. Ihre Antwort darauf war die bewaffnete Neutralität, welche die Frage nach einer nationalen Identität gewissermaßen von selbst beantwortete. In einem befriedeten, politisch vereinten Europa mag diese Antwort überholt sein – aber nur durch die größere Frage, die dieses Europa nun an sich selbst richten muß: wieviel Neutralität es sich leisten kann, wieviel Identität es behaupten muß, um seinen Zusammenhalt zu sichern, ob es dafür einer Idee – und welcher – bedarf.

Die Schweiz wird ihr politisches Dasein in Europa neu zu denken haben – dafür steht dem politischen Europa der Einigungsprozeß noch bevor, den der Kleinstaat in seiner Mitte mit einigem Erfolg hinter sich gebracht hat, und ich gestehe mir gelegentlich den Traum zu, es habe dazu etwas beizutragen. So oder so wird Europa seiner eigenen langen Erfahrung bedürfen, um vom gewaltigen Opus magnum einer Föderation, für die es kein Vorbild gibt und die in unverhältnismäßig kurzer Zeit aufgebaut sein will, nicht ebenso gewaltig überfordert zu sein. Die noch mehr soziale und wirtschaftliche Depression, in der es sich zur Zeit befindet, die Partikularisierung und Provinzialisierung seiner Interessen, die ihm damit droht, die noch bedrohlichere Xenophobie, die angstvolle Reaktion auf die globalisierte Unsicherheitslage, das Auseinanderbrechen der Gesellschaft in atomisierte Individuen und hysterisierte Kollektive – das sind schlechte Prämissen. Es sind noch schlechtere Ratgeber für ein hohes Maß gemeinsamer Handlungsfähigkeit und Handlungsbereitschaft, die das europäische Projekt erfordert, für die Besetzung vieler zwar von Waren verstopfter, aber von Sinn und Wert geleerter Räume durch eine verantwortungsvolle und rechenschaftsfähige Politik.

Hier – das gestehe ich ein - beginnt mein Vertrauen in bereits geschaffene europäische Tatsachen sich selbst zu widersprechen. Europa ist kein Fall für die kleine Buchhaltung von Tag zu Tag. Fehlt die europäische Agora und fehlt die Erschütterung, welche das Publikum der Tragödie statt zu Voyeuren zu einer Versammlung mündiger, auch ihrerseits opferfähiger Bürger macht, so wird, was Agora sein müßte, zur Banausia, zum Markt, auf dem um kurzfristigen Vorteil gefeilscht wird. Da kann die Ent-Täuschung nicht mehr zur besseren Einsicht und diese zur politischen Triebkraft werden; dann hat Europa die größte Chance seiner Geschichte – die zugleich die Chance für die Zivilisation des Planeten sein könnte – verscherzt.
An dieser kritischen Stelle erlaube ich mir eine bestimmte Hoffnung auf die neuen Beitrittsländer. Daß sie eine sperrige Kumpanei sind, haben sie schon anläßlich des Irak-Kriegs bewiesen. Aber damit haben sie auch gezeigt, daß sie sich die Erfahrung ihrer eigenen Geschichte nicht nehmen lassen. Sie werden auch auf ihrer Differenz bestehen, wo es um andere Erbschaften geht, und die Entwertung ihrer Lebensleistungen nicht so hilflos hinnehmen wie – scheinbar, mit anhaltenden traumatischen Folgen – die neuen Bundesländer der ehemaligen DDR. Europa wird, erst zu seinem Nachteil, auf die Dauer nicht zu seinem Schaden, daran zu beißen haben, nationale Empfindlichkeit und auch nationalistischen Nachholbedarf zu integrieren. Es wird an einer Stelle gefordert sein, wo es stärker als heute besetzt und selbst empfindlicher werden muß: an seiner kulturellen Kompetenz. Denn mit Wohlstandsangeboten allein werden auch dann, wenn sie sich erfüllen sollten, die Länder des ehemaligen Ostblocks nicht bei der Stange zu halten sein. Für die Zugehörigkeit zu Europa brauchen sie etwas mehr – vielleicht eben das, was einem nur ökonomisch fundierten Europa zu sich selbst fehlen würde. Sie brauchen Solidarität, gerade mit ihrer vermeintlichen

Schwäche, und die Anerkennung der Stärke, die sich darin verbirgt. Auch den Deutschen wird eine zweite Chance eröffnet, das, was sie ihren Landsleuten, alle Ausgleichszahlungen inbegriffen, an historischem Verständnis schuldig geblieben sind, an den neuen Nachbarn wettzumachen und ihre eigene Geschichte nicht nur selbstkritisch, sondern überhaupt wieder zu lesen. Nur auf diesem Weg wird eine europäische Geschichte für die Zukunft daraus.

Europa wird ein kulturelles Projekt, oder es wird sich auch politisch nicht halten lassen. Die wirtschaftliche Logik als solche verlangt es nicht, und sie vermag keine der Kräfte freizusetzen, die eine Kohäsion jenseits der Prosperität und auch ohne sie, ja sogar im Notfall sichern. Ich betrachte Europa als exemplarischen Testfall, ob es einer national und regional fundierten, aber auch entsprechend geteilten Gesellschaft gelingen kann, eine gemeinschaftlich bestimmte Größe zu entwickeln, die der planetarischen Gesellschaft den Beweis ihrer Möglichkeit liefert. Die marktwirtschaftliche Globalisierung ist ein starker Motor, aber er kennt keine Bremsen und ist, in seiner moralischen Neutralität, steuerlos. Das Regulativ dazu sind Werte, die der Markt nicht so selbstverständlich erzeugt, wie sich Adam Smith, der Kirchenvater des Liberalismus, träumen ließ, als er dem Überfluß des gesunden Egoismus die Produktion seines eigenen Korrektivs zutraute. Das Soziale ist leider keine erfreuliche – und schon gar keine automatische – Nebenwirkung des unbeschränkten Wettbewerbs. Als darwinistisches Prinzip neigt dieser eher dazu, die Grundlagen des Sozialen zu zerstören und den Gerechtigkeitssinn zu entwerten, denn dieser kann die Gesellschaft etwas kosten. Als die athenische Demokratie diesen Preis nicht mehr zahlen konnte und wollte, war sie verloren.

Suche ich das Vorbild einer Wertegemeinschaft, so blicke ich heute – gerade heute – nach Amerika; aber nicht auf die Union, wie sie geworden ist, sondern wie sie von den

Gründervätern gemeint war: als Revolution der Gewohnheiten zugunsten eines neuen Entwurfs freier und zugleich gemeinschaftsfähiger Menschen. Gegen die Falle, daß dieser Entwurf zu Selbstgerechtigkeit eines hegemonialen Nationalismus – *right or wrong, my country* – degeneriert, müßte Europa aufgrund seiner tragischen Erfahrung im eigenen Kriegstheater gefeit sein.

Damit diese Geschichte aber lebendig und lebenswirksam bleibe, ist nicht nur eine Sonderleistung des Gedächtnisses, sondern auch eine Bildungs- und Erziehungsarbeit obligatorisch, von der Europa noch weit entfernt ist und sich – im Zeichen betriebswirtschaftlich inspirierter Modelle – inzwischen sogar noch weiter entfernt. Die deutsche Universität hat, im Gegensatz zur amerikanischen der Spitzenliga, für mich ohne Not eine geschichtlich überragende und kulturell einmalige Position preisgegeben, als sie die Humboldtsche Idee der lebensverbindlichen *und* kunstgerechten Allgemeinbildung als Ballast über Bord warf, statt sie als einzigartige Triebkraft eines *qualitativen* Wachstums zu erkennen und zu fördern. Ein Boot ohne Tiefgang hält keinen Kurs, transportiert keine lebenswichtigen Güter und ist allen Winden des Zeitgeists, aber auch dem Sturm geschichtlicher Prüfung schutzlos ausgeliefert. Europa braucht keinen Mythos seiner selbst, aber eine gute Erzählung seiner Geschichte – wie diejenige der phönizischen Prinzessin seines Namens. Und solche Geschichten sind es, die ihm erlauben, seine Erfahrungen von Tag zu Tag als Teil eines kulturellen Zusammenhangs zu begreifen und symbolisch zu lesen.

In gewissem Sinn muß die Einigung Europas für ihre Teilnehmer selbst das Gewicht einer symbolischen Handlung annehmen. Denn nur so bildet sich ein Gegengewicht zur normalen Enttäuschung des politischen Alltags. Europa muß eine sinnstiftende Sache sein, denn ohne emotional bindende Kräfte wird die europäische Einigung nicht als

Glück erlebt. Und wieder ist es eine Frage der Bildung – auch der politischen Bildung –, ob die Einigung dabei von der Hand in den Mund, von einem Börsenbericht zum nächsten leben muß oder ob sie ein ganz anderes Auge dafür besitzt, ein Sensorium, das für die Erfahrung der Zusammengehörigkeit ein breites, tiefes und anspruchsvolles Repertoire besitzt. Es ist eine Frage der Kultur, ob Europa ein solches Repertoire immer noch zur Verfügung steht, ob es ihm vermittelt wird. Es gehörte, zum Beispiel, zum Auftrag des öffentlich-rechtlichen Fernsehens, wo es inzwischen als immer weniger vermittelbar gilt und der Jagd nach der Quote geopfert wird.

Europa läßt sich ohne ein anspruchsvolles kulturelles Repertoire nicht einmal denken, geschweige denn schaffen. Die Alternative – und zwar eine, die sich gar nicht mehr als Defizit, sondern als wirtschaftlicher Sachzwang versteht – ist trostlos und mündet in die Unfähigkeit, auf die eigene Lage zureichend zu reagieren, das heißt, sich anders als reaktiv zu verhalten. Der scheinbare Ausweg führt dann in die barbarische Reaktion. Die Selbstvergessenheit der Amüsierkultur und der Fundamentalismus, der über Leichen geht, sind zwei Seiten derselben Medaille.

In der Geschichte freier europäischer Städte oder, mit Verlaub, in der Geschichte der Akademien, vor allem aber in der Praxis der sogenannten Allgemeinbildung finden sich Ansätze und Grundlagen für diese europäische Sinnerfahrung – aber auch in der Tätigkeit von Nichtregierungsorganisationen, namentlich solcher, die in Ländern mit anderem, ich sage nicht: geringerem, Entwicklungsstand tätig sind und dabei eine entsprechende Infragestellung ihrer Prämissen, im allgemeinen: westlicher Prämissen erleben, die ich wage – nämlich die Infragestellung –, als europäische Tugend zu reklamieren. Denn wenn Europa etwas eigentümlich sein kann, so sind es – auch innerhalb seiner eigenen Grenzen – die Umgangsformen mit dem Andern und mit *den* Andern. Wenn Europa etwas werden kann, dann nur durch die Pflege der Minderheiten, aus denen es selbst besteht.

Europa, das bedeutet die Einrichtung eines Bündnisses, das einerseits nicht exklusiv, anderseits auch nicht beliebig ist. Auf dem Papier ist das die Quadratur des Zirkels. In der Praxis, *nur* in der Praxis, aber in einer von hohem kulturellen Bewußtsein getragenen, von der eigenen Geschichte geleiteten Praxis scheint es möglich, zum erstenmal. Und es verdient wahrlich, so behandelt zu werden, als wäre es auch das letzte; denn das könnte es sein, wenn es diesmal nicht gelingt. Was der große Historiker Jules Michelet über Frankreich gesagt hat: *La France a fait la France par un lent travail de soi sur soi* muß, in freier Übersetzung, auch für Europa gelten: «Europa schafft Europa durch nachhaltige Arbeit an sich selbst, über sich» und – auch diese Nuance läßt der Text zu – über sich hinaus.

2. Europa: Die Kunst der Teilung

Mein Thema ist nun die Teilung – dabei glaube ich, fast im Ernst, einer Spezialität Europas auf die Spur gekommen zu sein, quasi einer genetischen Mitgift, die ich zu isolieren versuche. Sie vermag ins Innerste einer anderen Kultur einzudringen, ein findiger Erreger, gewissermaßen an ihrem Zellkern anzudocken und nicht nur seine Teilung zu beeinflussen, sondern die Entwicklung des fremden Organismus zu verändern. Noch mehr: zu bestimmen, was «Entwicklung» überhaupt heißen soll. Zuerst heißt es immer: Destabilisierung des jeweils Bestehenden, um ihm eine bestimmte Dynamik, genannt «Fortschritt» einzupflanzen und ihm eine bestimmte Richtung, sie nennt sich «Zukunft», anzuweisen. Statische Kulturen haben keinen Begriff dafür, sie verlaufen zyklisch nach dem Vorbild des Sonnenlaufs oder der Jahreszeiten. Es war europäisches Denken, das ihnen einen Zeitpfeil beigebracht hat wie eine Verletzung, an der man wachsen oder zugrunde gehen muß. Der europäische Erreger wird damit zum Richter über den Lebenswert anderer Kulturen, Träger eines darwinistischen Prinzips, das nicht nur über Schicksal und Selbstachtung dieser Kulturen, ihren Eingang in die Geschichte entscheidet, sondern überhaupt erst Geschichte *macht*, konstruiert, wo zuvor der Mythos genügte.

Aber auch die Geschichte selbst war im 19. Jahrhundert, als die Welt sich europäisierte, ein Mythos, nämlich derjenige vom zunehmenden Bewußtsein, zu dem sich die Zivilisation erhob, oder, um weniger mit Hegel und eher vulgärimperialistisch zu reden: vom Heil, an dem die Welt genesen und an dem sich auch die Bewohner ihrer dunkelsten Winkel zu orientieren – vielmehr zu «okzidentieren» – hatten.

Auch in seiner überlegenen Wissenschaft, Technik und Ökonomie verstand sich Europa bis vor kurzem als Träger der Heilsgeschichte. «Kein Heil außerhalb der Kirche» hatte die vatikanische Lesart des geistigen Imperiums gelautet; das wissenschaftlich gestützte Imperium suchte sein Heil in der sogenannten Objektivität, die andere Leitbilder ausschloß. Auch und zuerst kulturell hatte das Heil der Menschheit seiner europäischen Definition zu gehorchen. Wenn es sich nicht als exklusiv empfand, so nur darum, weil es Allgemeingültigkeit, normativen Wert beanspruchte und sich ganz selbstverständlich auch die Eroberung aller andern zutraute, mit und ohne Gewalt, gewissermaßen kraft natürlichen Gefälles zwischen *der* Kultur – Einzahl – und den Kulturen in ethnologischer oder folkloristischer Mehrzahl. Die europäische Expansion spaltete die Menschheit zum Zweck ihrer Unterwerfung in einen entwickelten und einen – früher hieß es «unterentwickelten», heute korrekt: «sich entwickelnden» – Teil. Daß der Mensch, Homo sapiens, die Krone der Schöpfung sei, in dem die Evolution unbewußt ihr Heil gesucht hatte, stand für Europäer ohnehin fest, und ebenso, daß sie diese Krone am reinsten verkörperten. Denn ihnen allein war der Geist gegeben, die übrige Natur, auch in Gestalt sogenannter Naturvölker, zu beherrschen, und sie allein verfügten über die nötigen Mittel dazu.

Der europäische Erreger hat mit dem Virus die überaus ökonomische Fähigkeit gemeinsam, daß seine genetische Information diejenige des angegriffenen Zellkerns mitbenutzt und damit dessen Teilung und die Entwicklung des Wirtorganismus so steuern kann, daß sie ihm als seine eigene erscheint. Um sich von der europäisch geprägten Zivilisation abzusetzen, muß dieser Wirtorganismus sich selbst hassen, und kann ihr Repertoire nicht einmal als ihr

Feind entbehren. Der Terrorismus, der heute die Welt in Atem hält, ist eine globalisierte Form verkappter Autoaggression von Menschen und Kulturen, die sich in ihrem Kern gespalten und vermindert fühlen.

Welche Energie sich durch Kernspaltung entfesseln läßt, hat im 20. Jahrhundert auch die Materie, zu deutsch: der Mutterstoff, vorgeführt, als es der westlichen Technologie gelang, ihre «Atomon» – das Unteilbare – genannte kleinste Einheit zu spalten, zuerst zu einem durchschlagend destruktiven Zweck. «Du gleichst dem Geist, den du begreifst», hatte Goethes Erdgeist zu Faust gesagt, und hinzugefügt: «nicht mir». Diesen Zusatz hat das europäische Fortschritts-Monopol lange überhört, bis eine neue Glaubensspaltung, die ökologische, auch bei ihnen für ein geteiltes Bewußtsein zu sorgen anfing. Die Atombombe, die ihre sogenannten Väter das Erschrecken über sich selbst lehrte, war, von europäischen Emigranten entwickelt, gewissermaßen ihrerseits die Nebenwirkung einer kulturellen Spaltung, die im Europa des 20. Jahrhunderts niemand für möglich gehalten hätte, weil sie in anderem Sinn das Ende der europäischen Zivilisation bedeutete. Denn das Europa, aus dem die Wissenschaftler geflohen waren, hatte sich nicht nur, wie in der Vergangenheit, in kriegführende Nationen gespalten: eine von ihnen suchte ihr Heil in einer Lehre, die mit der realen Vernichtung europäischer Juden auch den jüdischen Anteil von der europäischen Geschichte abzuspalten suchte. Hinter den Lichtblitzen von Hiroshima und Nagasaki und in der Todesindustrie des Holocaust öffneten sich in der Mitte der europäischen Zivilisation Schwarze Löcher, die seither nicht aufgehört haben, mit dem Glauben an den Menschen auch das Vertrauen Europas zu sich selbst zu verschlingen.

Damit haben auch die Umgangsformen der Europäer mit ihrer Spezialität, der Spaltung der Welt, eine neue Qualität angenommen. Das Wahnsinnspotential dieser Spaltung hat, in ihrem Kerngebiet, eine konstruktive Arbeit mit Trauma und Trauer erzwungen, in der sich Europa nach 1945 einig war, wie in seiner Geschichte noch nie. Diese tiefe Verwundung seines Selbstverständnisses liegt, als kulturelle Tatsache, auch seiner politischen Einigung zugrunde. Und ohne die Spaltung, die sich in seinem Fundament gezeigt hat, ist das vergangene Europa nicht mehr zu denken und das kommende – wie ich glaube – nicht zu bauen.

Diese These, zugleich ein Glaubensbekenntnis, möchte ich heute nach einigen Seiten ausführen. Ohne Rechenschaft über die Wirkung ihres Spaltungs-Genoms wäre die Zivilisation nicht nur keine europäische, sondern gar keine mehr. Und wenn an dieser Einsicht doch etwas europäisch sein sollte, dann die Überzeugung, daß sie keinem Mitbewohner des Globus erspart bleiben darf. Sie hat – als Negation der Wertneutralität der bedeutendsten menschlichen Errungenschaften – selbst normativen Wert, denjenigen eines verschärften kategorischen Imperativs. Auf diesen schwer faßbaren Punkt hochempfindlicher Negation ist das ehedem flächendeckende Sendungsbewußtsein Europas zurückgeworfen; auf ihm beruht dennoch zuverlässiger als auf jeder geschichtlichen Konstruktion die europäische Identität. Es ist die luziferische Identität des Lichtbringers mit dem Brandstifter und des Brandstifters mit dem gebrannten Kind.

«Du gleichst dem Geist, den du begreifst» – angesichts der Folgen des europäischen Zugriffs auf die Welt ist es unumgänglich, daß sich die großen Macher der Weltgeschichte selbst auf die Finger sehen. Es ist der wichtigste Beitrag der Europäer zu einer gemeinsamen Zivilisation, und die fortgesetzte Bedingung ihrer Einigkeit untereinander: ein kulturelles Projekt größter Reichweite, bis in die Tiefe kollektiven Gewissens. Angesichts dessen, was sie getan haben, sind sich die Spalter zu wissen schuldig, was sie tun.

In diesem Lichte also möchte ich heute die europäische Geschichte als eine der Spaltungen lesen – gewissermaßen vom Ende der Zivilisation her, aber zugleich in ihrem Potential für eine *andere* Geschichte, und darum in Würdigung ihrer Errungenschaft auch in der Vergangenheit. Denn so vergangen, wie uns das kurz gewordene Kulturgedächtnis suggeriert, ist die europäische Geschichte keineswegs. Auch wo sie kein Modell mehr sein kann, hat sie die kulturellen Paradigmen Europas und ihren Wechsel geformt.

Der exemplarische Spaltungsprozeß, den die Welt bis heute mit Europa verbindet, trägt einen glorreichen Namen: «Aufklärung». Europäer sollen die Lektion der Aufklärung gelernt, alle übrigen sollen sie versäumt haben. So schreibt sich Europa einen Prozeß gut, den es sich selbst gemacht haben will, indem es nicht nur zu wissen wagte («sapere aude»), sondern auch wissen *wollte*, was man wissen *kann* und darum wissen muß. Davon sollte die Domäne des Glaubens in jeder Form – als Religion, als Vor-Urteil, als Wahn – getrennt bleiben und tendenziell unwirksam werden, wo nicht ganz verschwinden. Das Wissen sollte, als wissenschaftliches, empirisch erhärtetes, naturgesetzlich kodifiziertes, jedenfalls für alle unter allen Umständen gelten, während der einzelne Mensch im Glauben frei war und sein sollte, soweit er mit dem Gebrauch seiner Freiheit diejenige der andern nicht einschränkte.

In jedem Wort dieser Sätze steckt Sprengstoff genug für ein ganzes Universum, zu deutsch: eine einheitliche Konstruktion der Welt, die sich auf eine nicht hinterfragte Autorität beruft – sie heiße Gott oder Fürst, Glauben oder Vaterland. Im Licht der Aufklärung werden sie als Konstrukte, das heißt als Menschenwerk sichtbar, das man, soweit es denn unentbehrlich sein sollte, besser einrichten kann, und da man es kann, auch muß. Die Aufklärung bestand darauf – wie ihr Name sagt –, das Dunkel des Aberglaubens zu lichten, die Nebel kollektiver Selbsttäuschung aufzulösen und alle Energien der Menschheit zu entfesseln, um sie einer zugleich grenzenlosen und menschenwürdigen Zukunft entgegenzuführen.

Diese Kombination von Selbstbewußtsein, Vorurteilslosigkeit und Kritik, die Europäer mit dem Begriff «Aufklärung» verbanden, verschaffte ihnen dem «Rest der Welt» gegenüber einen Vorsprung, der die Evidenz einer überlegenen Anwendung der Naturgesetze für sich hatte. Wem die Natur besser diente, der muß sie auch besser verstanden haben. Die Freiheit, seine eigene Vernunft zu gebrauchen, machte jede andere Autorität tendenziell überflüssig, und, wo sie dieser Freiheit im Wege stand, schädlich und verwerflich. Die revolutionäre Kraft der Aufklärung zeigte sich in der auch «Säkularisierung» genannten systematischen Trennung der Materie, die im Begriff der Kultur vereinigt gewesen war, und erhob den Anspruch, sie auf einer höheren Ebene, einer Weltrepublik zivilisierter Humanität, wieder zusammenzuführen.

Aber in der Praxis – der politischen, der sozialen, der revolutionären – war das Prinzip Aufklärung durchaus nicht friedfertig. Im Kampf gegen Autoritäten, die für sie willkürlich und daher illegitim waren, stellte sie auch ihr eigenes Toleranzgebot beiseite: «Ecrasez l'infâme», schleuderte Voltaire der Kirche seiner Zeit entgegen. Der wahre Aufklärer lebte vom Konflikt, er mutete ihn auch den andern zu und trug ihn sogar, wie Montesquieu mit dem Prinzip der Gewaltenteilung, in den Kernbereich politischer Organisation. Dem Absolutismus begegnete er mit einem Relativismus, der auf die sicherheitsbedürftige Seele bedrohlich wirkte. Auch die eine und einzige Wahrheit hatte ihr Recht verloren, wenn es – nach einem Aufklärerwort – eine Wahrheit «diesseits und jenseits der Pyrenäen» gab.

«Der Ausgang des Menschen aus selbstverschuldeter Unmündigkeit», wie Kants klassische Aufklärungsformel lautete, war noch immun gegen den Verdacht, den die Erfahrung nur zu sehr bestätigen sollte: daß auch die Vernunft – und nicht nur im Schlaf, wie auf Goyas bekanntem Bild – Monstren gebiert, und daß die Sonne der Aufklärung so schwarz werden kann wie über der Guillotine. In der *terreur* hatte ein Robespierre, Anbeter der nackten Vernunft, ihrem abstrakten Prinzip Hekatomben von Menschen geopfert, nicht weniger, und nicht anders als einem Glaubensdogma oder absolutistischer Willkür.

Der von der Aufklärung selbst geleugnete tiefe Schatten, der über ihren Errungenschaften liegt, stellte diese erst im 20. Jahrhundert so gründlich in Frage, daß sie als Leitbild der Zivilisation ausgedient zu haben schien. Und doch war es auch da noch ihr Geist, der ihr – wie Horkheimer und Adorno in ihrer «Dialektik der Aufklärung» – den Prozeß machte. Daß die Aufklärung auch zu wissen wagt, was gegen sie selbst spricht und wovor sie die Menschen nicht, und – beim absoluten Geltungsanspruch ihrer Ratio – sogar besonders wenig zu schützen vermag, gehört zu den obligatorischen Lektionen, die sie aus ihrer eigenen Geschichte ziehen muß. Sie selbst hat in der neuen Physik vermeintlich unumstößliche Naturgesetze aufgehoben; gerade sie, die befreiende und emanzipatorische Teilerin der Gesellschaft, hat ihre totalitäre Seite erkennen müssen. Denn auf die Aufklärung haben sich Tyrannen berufen, die den Menschen versklavten und vernichteten, um ihm Vernunft beizubringen und ihn sein Glück zu lehren.

Der Wurm des Unrechts kann sogar da sitzen, wo das Licht der Aufklärung am reinsten strahlt: in der allgemeinen Erklärung der Menschenrechte. Als ich vor einigen Jahren, noch als Dozent an der Zürcher ETH, mit einer Gruppe jüdischer Seminarteilnehmer den Quellen des Antisemitismus in der Literatur nachging, wurden wir an einer für mich durchaus überraschenden Stelle fündig, nämlich in «Nathan dem Weisen». Wie sich zeigte, war die

These des Stücks, daß der Mensch da anfange, wo der Christ, der Muslim, der Jude aufhöre, für die Teilnehmer unannehmbar. In ihren Augen verschärfte die verallgemeinerte Toleranz das Problem, das sie zu lösen beansprucht. Denn sie bagatellisiert es und wird der Differenz, an der die Existenz hängt, nicht gerecht. Aus einem ähnlichen Grund stößt die Konstruktion eines sogenannten Weltethos, dem sich wohlmeinende Sprecher ihrer Religionen wie Hans Küng verschrieben haben, ins Leere, weil das imperative Minimum an konsensfähiger Substanz, das «was du nicht willst, das man dir tu, das füg auch keinem andern zu» als kleinster gemeinsamer Nenner der Weltreligionen von ihren Gläubigen (nicht: ihren Funktionären) als Beleidigung ihrer geistigen Tragweite empfunden wird. Auch das Weltethos beginnt nicht erst da, wo der Glauben dünn wird. Es müßte an seiner kulturellen Wurzel angesiedelt sein, und ebenda besteht der Glaube in einer für Gläubige unentbehrlichen, für Andersgläubige unheimlichen Verbindlichkeit.

Und doch: Wo ist Hoffnung, wenn nicht an ebendieser Stelle, wo Menschen sich fundamental abgrenzen und dabei auch von der Menschlichkeit trennen – diesem noblen und ahnungslosen Aufklärungsprodukt? Auch diese Stelle muß der Aufklärung zugänglich sein. Nur muß sie alles, was gegen sie spricht, ihrerseits radikal genug in ihren Ansatz aufgenommen haben. Freuds Psychoanalyse war in diesem Sinn das letzte große Manifest der europäischen Aufklärung, das auf ihrer Allgemeingeltung bestand und zugleich den Preis der Verdunkelung ihres Optimismus zu zahlen bereit war. Sie war der großangelegte Versuch, das befreite Individuum, in Gestalt des bewußten Ich, mit dem Mittel radikaler Aufklärung zwar nicht mehr zum Herrn der Welt, aber wenigstens zum Meister im eigenen Haus zu machen. Aber dazu mußte das Ich dem Kampf mit seinem Es und seinem Über-Ich, einer buchstäblich übermächtigen Nachbarschaft in diesem Haus ausgeliefert werden, und Freuds Prognose, ob es sich behaupten könne, wurde zunehmend pessimistisch und war sogar von der Frage begleitet, ob dieser Kampf seine Opfer wert sei.

Die Fortsetzung der Psychoanalyse hat auch gezeigt, daß die Maxime psychoanalytischen Handelns weder auf spezifisch andere Kulturen anzuwenden ist noch auf die globalisierte Massenzivilisation. Um so mehr bleibt es eine eminent europäische Geschichte, welcher die Europäer immerhin Gründe dafür entnehmen können, warum ihre Verallgemeinerung nicht gelang – und vielleicht nicht gelingen durfte.

Mein Thema ist der europäische Umgang mit Teilung, der Produktion und Reproduktion einer geteilten Welt, und die einerseits überwundene, anderseits, sei es als Nostalgie oder Utopie, immer auch weiterlaufende Vision einer ungeteilten, als Einheit wiederhergestellten Welt. Uns Zeitgenossen begegnet dieser Zusammenhang, als zerrissener, gleichsam in verdoppelter Karikatur: hier die wirtschaftliche Globalisierung, die sich als grenzüberschreitende Zivilisation versteht; dort die Reaktion darauf in Gestalt eines in jedem Sinn begrenzten Anspruchs auf eine lokalisierbare, in einem Glauben befestigte Kultur, die zu ihrer Verteidigung zu jedem Mittel greift, auch dem des Terrors. In beidem möchte ich das gewissermaßen radioaktive Abfallprodukt einer Spaltungspraxis erkennen, die in vielfacher Gestalt von Europa ausgegangen ist. Wie läßt sich die unerschöpfliche Energie, die aus dieser Quelle fließt, für den Aufbau eines zum erstenmal vereinigten Europa am besten nutzen – zur Sicherung einer tragfähigen und tragbaren Einheit; zur Vermeidung weiterer katastrophaler Spaltung?

Um von einer anderen Union zu sprechen: die amerikanische will zur Zeit in dem, was sie in der Welt aus- und anrichtet, ungeteilt bleiben. Sie versteht ihre Taten als Auftrag zu einer heilsgeschichtlichen Mission und verpflichtet ihre Bürger dazu, Untaten als solche nicht gelten zu lassen oder, wo sie nicht zu leugnen sind, nicht nachhaltig zu registrieren. Das ist nur allzumenschlich, also auch europäisch. Und doch ist es heute der eigentliche Grund für die Differenz, welche Europäer mit der westlichen Vormacht haben. Diese Differenz wurzelt in der Katastrophen-Erfahrung, welche die Europäer mit ihrem eigenen Sendungsbewußtsein, zuerst dem nationalen und nationalistischen, gemacht haben. Das gilt auch für die Sieger, nicht nur für die Besiegten des letzten Weltkriegs. Vom Europa, das sie aus den Ruinen aufgerichtet haben, erwarten sie die Bändigung nationalen Sendungsbewußtseins. Aber noch ist undeutlich, welche emotionalen Ressourcen an seine Stelle treten könnten. Wie, wenn sie der Erfahrung abzugewinnen wären, die Europäer mit ihrer eigenen Spaltung gemacht haben, die – wie die Geschichte beweist – tiefer reicht als diejenige von Kirche und Staat, so tief wie der Glaube und Unglaube an Europa selbst? Wenn der Zweifel an Europa gerade die moralische Triebkraft sein könnte, die es, kraft seiner gespaltenen Seele, zur Einheit der Welt beizutragen hat – keiner Einheit der Gerechten und Selbstgerechten, keiner Einheit «unter Gott», sondern der Einigkeit der Verschiedenen, auf kleinem Raum sogar Grundverschiedenen? Aber sind Vernunft und Toleranz ausreichende Energiespender für den europäischen Zusammenschluß und die Hoffnung auf seine Nachhaltigkeit?

Ich möchte eine emotional stärkere, eine wirksamere Quelle suchen und suche sie nicht in einer «Idee» Europas, sondern in seiner Erfahrung. Den Stoff dafür liefere eine Skizze davon, wie die Europäer selbst bis zur jüngsten Geschichte mit der Spaltung umgegangen sind, die sie in die Welt getragen haben – zunächst in rohem und für sie selbstverständlichem Glauben an ihre Mission; heute immer mehr im Bewußtsein, daß sich an einem Heil, das man anderen zu bringen behauptet, nichts von selbst versteht, daß es viel Unheil schafft und für viel Unrecht verantwortlich ist. Die Erfahrung, von der ich rede, beginnt im eigenen europäischen Haus.

Zum politischen Erwachsenwerden gehörte in meiner Generation lange die Anerkennung der Teilung Deutschlands. Gleich nach dem Krieg allerdings kam sie nicht in Betracht – sie hätte, in allen vier Besatzungszonen, der Erwartung, der Hoffnung der Deutschen ins Gesicht geschlagen; angesichts der totalen Niederlage allerdings war es eine kleinlaut und schuldbewußt gewordene Hoffnung. Die Mehrzahl der Deutschen, soweit sie noch Mut und Energie für ein politisches Interesse an sich selbst aufbrachten, sah ein, daß sie nach der Hybris des Dritten Reiches den Anspruch auf ein «einig Vaterland» selbst verwirkt hatte. Sie verlegte ihre Einigkeit auf eine andere, eine ideelle Ebene: jetzt wollte sie lernen, mit der Demokratie Ernst zu machen wie nie zuvor und sie wollte – darin war sie ja doch einig – nie mehr und unter keinen Umständen an einem Krieg schuldig werden.

Was die Singularität des Holocaust betrifft, sickerte diese nur langsam und verhältnismäßig spät ins allgemeine Bewußtsein. Dafür war die Betäubung der totalen Niederlage zunächst zu groß und schien nicht einmal mehr die Wahrnehmung der eigenen Nationalität zu erlauben. Das «Abendland», ein vages und auch anachronistisches Wunschbild, diente in Adenauers Deutschland als eine Art Substitut dafür. Aber zugleich war es schon das Geschöpf einer neuen Teilung Europas, die sich zwar schon im Krieg abgezeichnet hatte, doch erst in den späten vierziger und frühen fünfziger Jahren eine neue Front aufrichtete und sich zur drohenden Konfrontation des Kalten Kriegs befestigte.

Die Deutschen bekamen für die Revision ihrer jüngsten katastrophalen Geschichte in West und Ost grundverschiedene Lehrmeister, welche die von ihnen besetzten Zonen ihren verfeindeten Systemen einverleibten und einander in atomarer Hochrüstung gegenüberstanden. In der 1949 gegründeten Bundesrepublik unterstanden die Freiheiten, welche das Grundgesetz den Bürgern garantierte, dem Vorbehalt der Bindung an das transatlantische Verteidigungsbündnis. Und dessen Priorität vor dem Wunsch nach deutscher Einheit hatte die Regierung Adenauer gegen die anfängliche Opposition von Schumachers Sozialdemokraten so erfolgreich durchgesetzt, daß die Wiedervereinigung, als sie Stalin 1952 kurz vor seinem Tod noch einmal anbot und dafür die Neutralisierung Deutschlands verlangte, als Propaganda abgetan werden konnte. Was den östlichen Gegenstaat, die Deutsche Demokratische Republik, betraf, so konnte er es sich noch einige Jahre lang ungestraft leisten, die deutsche Einheit auf seine Fahne zu schreiben, und entschloß sich erst mit dem Mauerbau definitiv, die Rolle des wahren, geschichtlich geläuterten Deutschlands für sich allein zu beanspruchen. Dafür aber hatte er inzwischen den nötigen Kredit zuerst bei der eigenen Bevölkerung verspielt, die er einsperren mußte, um sie für sein angeblich befreiendes, dem Weltfrieden verpflichtetes Staatsziel einzunehmen.

Die Erfolgsbilanz der beiden Staaten hätte also nicht eindeutiger zu Gunsten des Westens ausfallen können. Dennoch gab es nun zwei deutsche Staaten, denn auch die ungeliebte DDR existierte im Schutz der sowjetischen Waffen real genug. Angesichts der Macht des Faktischen trachtete die westdeutsche Ostpolitik, für die es vor Willy Brandt kaum Spielraum gegeben hatte, vor allem danach, auf der Basis der Anerkennung der DDR ihre Friedensfähigkeit zu verbessern und auf die Lage ihrer Bürger entlastend einzuwirken.

Auf dem vierzigjährigen Weg bis zur Vereinigung begegnet uns so manche Paradoxie, was die Überwindung der europäischen Spaltung, also auch die Frage der deutschen Einheit betrifft. Das eigene Sicherheitsbedürfnis beider Seiten hielt sie in Schach; aber je weniger diese zu haben war, und je weniger man sie wollen konnte, desto entschiedener und risikoloser durfte man sie verlangen. Im Grunde wollte man miteinander nichts zu tun haben und sich, als Frontstaaten des Kalten Kriegs, der eigenen Vormacht auch durch besondere Verläßlichkeit empfehlen. Immerhin: miteinander atomar verbrennen wollte man auch nicht. Dieser Sorge entsprang das Minimum an pragmatischer Symbiosebereitschaft, und unter der Hand – immer zweideutig genug – auch etwas wie deutsch-deutsches Verantwortungsbewußtsein.

Als der Zusammenhalt im Ostblock, in Polen zuerst, zu bröckeln begann, verlangte ein subtiler gewordener deutscher Patriotismus, daß man einem Gegenspieler, den man bewegen wollte, die Fundamente nicht erschüttern dürfe. So galt es unter den von mir «erwachsen» genannten Deutschen als eine Art Axiom, daß man die deutsche Teilung nicht überwinden könne, ohne sie anzuerkennen. Diesem politisch-taktischen Motiv war ein geschichtsethisches beigemischt: daß die Teilung der Deutschen auch so etwas wie die gerechte Buße sei für ihre einzigartige historische Schuld.

Danach geschah das gänzlich Unverhoffte und von allen Geheimdiensten Unvorhergesehene: Der Ostblock löste sich auf, und zwar, wenn ich an die apokalyptischen Ängste vieler Jahrzehnte denke, so unglaublich friedlich und verhältnismäßig lautlos, daß sich der Begriff «Implosion» für das Phänomen eingebürgert hat. Um Erklärungen sind wir noch immer verlegen: Die Völker waren ohne Frage beteiligt, aber was ist ihnen wirksamer zu Hilfe gekommen: die Ostpolitik mit ihrem «Wandel durch Annäherung» oder die verstärkte Aufrüstung der NATO? Wohl nichts an diesem epochalen Ereignis ist monokausal zu begründen – und doch hängt von der Deutung, die wir ihm geben, ungemein viel für seine Folgen, und das heißt auch: für das Gelingen der europäischen Einheit ab. Wer sich um des lieben Friedens willen mit der Teilung arrangiert hatte, hat sich damit bei den frei gewordenen Regierungen der Beitrittsländer keinen Kredit verschafft. Das «alt» genannte Europa hat im Irakkrieg für den Defätismus oder Opportunismus, den ihm die neuen Europäer unterstellten, eine verspätete, doch deutliche Antwort bekommen. «Peace for our time» – daran glauben die ehemaligen Ostblockstaaten nicht mehr, ein für allemal.

Aber die europäische Spaltung, die sich während des Irakkriegs innerhalb der Europäischen Union abzeichnete, reichte noch tiefer. Im Osten war ausgemacht, daß man der gestürzten Kommandowirtschaft keine Träne nachweinte. Nicht ebenso ausgemacht war allerdings, ob die westeuropäische Überlegenheit, die die «neuen Länder» zu spüren bekamen, ganz anderen Bedürfnissen genügte, die durch das Ungenügen des real nie recht existierenden Sozialismus nicht erledigt, eher geschärft waren. Setzen wir dasjenige nach sozialer Sicherheit beiseite, reden wir von Sicherheit in tieferem Sinn, so stoßen wir auf das Fundament nationaler Identität, das unter der internationalistischen Fassade die Basis des Widerstandes gegen ihre Zumutung gebildet hatte und tragfähiger geblieben war als im Westen des Erdteils. Für diesen waren die ehemaligen Oststaaten jahrzehntelang ein blinder Fleck der Wahrnehmung gewesen; er war auf die Entdeckung nicht gefaßt, daß Esten, Polen oder Tschechen, wenn sie von Europa sprachen, nicht das Europa der deutsch-französischen Einigung meinten – fast im Gegenteil –, sondern ein Europa ihres eigenen Nachholbedarfs.

Damit aber standen sie dem «Rest der Welt», der nicht europäisch, von Europa um so tiefer gekränkt war, psychologisch näher als dem inzwischen vereinigten Westeuropa – obwohl oder weil sie sich demonstrativ als Europäer betrachteten. Aber das taten sie im Namen und auf der Grundlage ihrer nationalen Berechtigung, ihrer eigenen geschichtlichen Kultur, deren Anspruch sie anmahnten, deren Würde sie zurückverlangten. Ihr Europa war eines der anderen Geschwindigkeiten: resoluter, rücksichtsloser, vielleicht bald auch tüchtiger beim Aufbau der so lange vermißten Wohlstandsgrundlagen, aber sperriger und trotziger in der Anerkennung von Europas historischer Hypothek, die den Zusammenschluß der Westeuropäer befördert hatte. Die neuen Mitgliedstaaten wollten endlich nicht mehr zu den Opfern der Geschichte gehören, sondern zu ihren Gewinnern und waren bereit, sich die Partner dazu ohne die Empfindlichkeit der Alt-Europäer auszusuchen.

Der neue Osten Europas – wo hört er auf, und wie besetzen wir ihn – zum erstenmal ohne Soldaten, aber ganz gewiß nicht ohne Emotionen, ohne die mehr oder weniger verdunkelte Erinnerung, daß das Licht Europas von dieser Seite erwartet wurde und immer wieder gekommen ist – *ex oriente lux.* Freilich: ein anderes Licht als dasjenige der westlichen Aufklärung. Aber eines, von dem auch sie das Ihre geborgt hat, widerwillig oder nicht – schon in der Erfahrung der christlichen Kreuzzüge, die in der Ritterspielwelt Ariosts veredelt wurde, aber auch in Montesquieus fingierten «Lettres persanes», oder im Einfluß Chinas auf die Architektur von Versailles, im Denken von Leibniz, in der Entdeckung der Märchen von Tausend-und-einer Nacht, in der romantischen Eroberung Indiens für das westliche Bewußtsein. Keine europäische Moderne, die sich nicht ihr Gegenlicht aus dem außereuropäischen Osten geborgt hätte. Aber auch keine Reaktion auf diese Moderne, die dieses starke Licht für ihre Erleuchtung hätte entbehren können – mit seinem Schatten, der dieses Licht ebenso unvermeidlich begleitete, der Furcht vor der Barbarei, vor dem Verlust der zivilisatorischen Errungenschaft.

Heil und Schrecken – heute in der virulenten Verbindung der schrecklichen Heilserwartung – begegnen der europäischen Geschichte nicht nur seit ihren Anfängen von *außen*. Sie zeigen sich auch in ihrem Innern und nähren die spaltende, abspaltende Energie ihres Kerns – angefangen mit der fundamentalen Spaltung der monotheistischen Religionen, von denen auch die für Europa konstitutive, das Christentum, das Abspaltungsprodukt einer sogenannten nahöstlichen Kultur war. Da liegt, bis heute, das sogenannte Eigene so nahe am ganz andern, daß uns eben darum nichts so fremd scheinen kann wie das väterliche Judentum, und nichts ferner zu liegen scheint als der abgetrennte und feindlich gewordene Glaubenszwilling Islam.

Ich habe Goethes Noten und Abhandlungen zum «West-östlichen Divan» wiedergelesen und bin darin auf eine revoltierende Passage gestoßen, die uns – gerade von diesem Autor – zu schaffen macht. Da nennt er nämlich «den Konflikt des Unglaubens und Glaubens ... das eigentliche, einzige und tiefste Thema der Welt- und Menschengeschichte» und fügt hinzu: «Alle Epochen, in welchen der Glaube herrscht, unter welcher Gestalt er auch wolle, sind glänzend, herzerhebend und fruchtbar für Mitwelt und Nachwelt. Alle Epochen dagegen, in welchen der Unglaube, in welcher Form es sei, einen kümmerlichen Sieg behauptet, und wenn sie auch einen Augenblick mit einem Scheinglanze prahlen sollte, verschwinden vor der Nachwelt, weil sich niemand gern mit der Erkenntnis des Unfruchtbaren abquälen mag.»

So entschieden verschiebt der alte Meister – auch noch in einem Stück über Israel – die Beweiskraft der Kultur nach einer Seite, die ganz gewiß nicht diejenige des aufgeklärten Kosmopolitismus ist – oder der wirtschaftlichen Globalisierung mit ihrem «prahlenden Scheinglanze».

Wir werden auf dieses Ärgernis zurückkommen müssen. Denn daß die Dominanz des Glaubens, daß das Konzept der Einen ungeteilten Welt, sobald es über einen frommen Wunsch hinausgeht, zu einer lebensbedrohlichen und gemeingefährlichen Praxis führt, kann man jeden Tag der Zeitung entnehmen und am Bildschirm sehen. Das ist die terroristische Seite des totalisierenden Weltbildes. Aber auch der freie Markt, sein scheinbares Gegenbild, hat seine totalitäre Komponente, die da besagt – und Brüssel wird nicht müde, es nachzusprechen –, daß außerhalb des Wettbewerbs kein Heil sei. Vom Buch bis zum Bergkäse, von der Postfiliale bis zum Gefängnis: der Markt, der ganze Markt und nichts als der Markt soll es bringen. Denn er sei der letzte Richter über den Gewinn, den eine Handlung abwirft, und er nenne uns den gerechten, das heißt: marktgerechten Preis für unsere Bedürfnisse. Dieser sei der einzige *meßbare* Wert, mit dem sich vernünftigerweise operieren lasse. Wenn wir uns noch andere Werte leisten: geschenkt, nur müßten wir uns diesen Luxus *leisten* können.

Nun hat der Mensch offensichtlich auch das Bedürfnis, wissen zu wollen, was nicht nur gut für ihn, sondern auch für andere, ja sogar gut *per se* ist. Und den Wunsch, daß Wahrheit eine Münze von sicherem Wert und allgemeiner Geltung sei; darüber meditiert Nathan der Weise, bevor ihm die berühmte Ringparabel einfällt, in welcher die Verschiedenheit der Religionen dem höheren Gesetz der Humanität unterstellt wird.

Da habe ich mich an den heftigen Widerspruch der jüdischen Teilnehmer in meinem Seminar erinnert. Der Glauben «in welcher Form auch immer» verweigert sich einer Zivilisation, in welcher der Preis über den Wert bestimmt. Denn in einer solchen gibt es keinen Wert, für den man sein Leben einsetzt und es auch zu opfern bereit ist. Für die Einigkeit mit dem eigenen Gott und mit sich selbst nimmt der Gläubige die Spaltung der Welt nicht nur in Kauf. Sein Glaube, als der wahre, *besteht* sogar auf ihr, damit er sich vom Unglauben gebührend unterscheide. Und im Allerheiligsten seiner Kultur ist dann kein Platz für Handel und Händler.

Dieser Glaube hat die *Twin Towers* gefällt, die babylonischen Türme des freien, doch ungerechten Marktes, dem Todfeind des Glaubens. Und die Attentäter waren keine Höhlenbewohner, sondern wohl ausgebildete und gut erzogene junge Männer, die auch hätten Karriere machen können. Statt dessen haben sie sich für das Opfer entschieden und eine beliebige Zahl von Mitbürgern einer nicht mehr gemeinsamen Zivilisation mitgeopfert. So kann der Glaube, den Goethe «das eigentliche, einzige und tiefste Thema der Welt- und Menschengeschichte» nennt, in unserer Realität aussehen. Und dem Gegenglauben, den er damit herausgefordert hat, verdankt nicht nur Herr Bush seine Wiederwahl, sondern die Welt eine neue heillose Teilung, unübersichtlicher, undurchsichtiger als diejenige des Kalten Kriegs. Damals durfte man den Einsatz von Massenvernichtungsmitteln für kontrolliert halten, der Wahnsinn schien einem Rest von politischer Vernunft zugänglich. Heute ist er vollständig unkalkulierbar und unterliegt, wie alles andere, keinem anderen Gesetz als dem von Angebot und Nachfrage – auch derjenigen von willigen Todeskandidaten. Wenn sie ihr eigenes Ende in Gottes Hand glauben: warum nicht dasjenige von Millionen? Warum nicht dasjenige des Planeten? Sie sind in Gottes Hand – und wir darum, schlimmstenfalls, in der ihren.

Ein Markt, der keine Grenzen kennt, spielt ihnen in die Hand, denn er weiß hier so wenig wie an andern Grenzen der Humanität (Stichwort: Genmanipulation) ein Mittel, sich selbst außer Kraft zu setzen – außer dem der Gewalt, und das ist eben dasjenige, mit dem er zuverlässig Gegengewalt erzeugt. Sicherheit, inzwischen das kostbarste Gut, ist eben darum immer schwerer zu haben, und das Gefühl von ihr ist selbst für die Hochprivilegierten unerschwinglich geworden. Wohl aber vertieft schon die Herstellung

dieser Illusion den globalisierten Unfrieden, und damit eine lebensgefährliche Spaltung der Welt.
Das ist die Lage, nicht im Licht des schwarzen Pessimismus, sondern der realistischen Apokalypse betrachtet – während die Erzeugung immer neuer Güter und noch nie dagewesener Dienstleistungen munter weiterläuft und die Fata morgana einer noch nie dagewesenen Zivilisation erzeugt. Wenn Globalisierung heißt, daß sich die Politik fast überall im Schlepptau wirtschaftlicher Zwänge befindet – dem paradoxen Zwang eines grenzenlos freien Marktes –, wie soll Europa, selbst Teil und *nolens volens* Mitbetreiber der Globalisierung, darin eine Insel der Selbstbestimmung bilden? Was kann europäisch sein in einer einerseits wirtschaftlich vereinigten, anderseits in sogenannte Kulturen zerfallenen und auf der Ebene der Individuen hochgradig atomisierten, entsozialisierten Zivilisation? Wenn ihre Einheit ohne kulturelle Tiefe, das heißt ohne bindende Kraft für ihre Teilnehmer ist, ihre kulturelle Energie aber, revoltiert von der Wertblindheit, der Ungerechtigkeit, der Unempfindlichkeit dieser Zivilisation, als radikal spaltende Kraft gegen sie auftritt, und zwar im Zeichen einer geglaubten Einheit, die Andersgläubige ausschließt und immer weniger zögert, sie zu vernichten: welche Rolle spielt dann die europäische Einigung in diesem Prozeß? Ist sie eine Fiktion – oder reden wir von nichts weiter als einem Club, dessen Mitglieder einander bestimmte Marktvorteile gewähren? Dann aber ließe sich dieser Club nicht einmal als Festung halten, dann stünde das Verfallsdatum schon über seiner Gründung.
Ich glaube, was Europa heute aufgegeben ist, sei die Restauration der *Politik* in beide Krankheitsbilder, das oberflächlich globalisierte und das radikal gespaltene. Politik heißt: Wiederherstellung der Entscheidungsfähigkeit der nach zwei Seiten – vom Markt und vom Glauben – in seiner Mündigkeit bedrohten Weltbürger. Das sind nur zwei

Seiten einer Medaille: dort die Zahl, sie mag in Dollar oder Euro rechnen; hier der Kopf, der die nationale Herkunft der Münze bezeichnet. Politik aber wäre die dritte Seite der Münze, die sie nicht kennt, das Ausgeschlossene Dritte, mit dem auch der Computer nicht rechnen gelernt hat. Es ist weder Dogma noch Sachzwang, es will *gefunden* sein, in kontroverser Beratung, aber gemeinsamer Entscheidung.

Für beides wollen die Grundlagen wieder geschaffen werden, denn sie sind in Europa kaum weniger als anderswo abhanden gekommen. Was sich heute Politik nennt, ist ein kurzfristig operierendes, opportunistisch argumentierendes, weitgehend grundsatzloses Navigieren von Wahl zu Wahl, für die man nicht besser gerüstet sein, sondern besser aussehen muß. Darum ist nicht die Regierung, sondern der *Spin Doctor*, der geschickte Verkäufer des Notstands als Fortschritt, die Schlüsselfigur in Wahlen, die kaschieren müssen, daß sie die Beteiligten gar nicht mehr haben. Da kann Ideenlosigkeit ungestraft als Pragmatismus verkauft werden und ein leeres Versprechen als Vision. Da wird Politik, oder was man an ihrer Stelle betreibt, nicht weniger und nicht anders zur Sache des *Marketing* als eine neue Produktlinie und erfüllt Bedürfnisse, die sie für den Zweck ihrer Erfüllung erst kreieren muß.

Die Restauration der Politik in den Aufbau Europas fällt uns nicht von Gnaden der Wirtschaft in den Schoß. Sie ist keine populäre Sache, und in die Hand von Populisten gehört sie am wenigsten. Sie ist ein *kulturelles* Projekt, und es kann an keinem andern Ort geübt und gelernt werden als beim Aufbau Europas selbst, und wäre es am Leitfaden seiner Krisen. Es hat aber doch ein Beispiel – und wenn man es gut zu lesen versteht: einen Lehrmeister – an der europäischen *Geschichte*. Denn diese war eine Geschichte kritischer Teilungen, und in jeder von ihnen steckte ein integratives Moment, das die Teilung wieder zur Überwindung bestimmte und zu einer neuen, höheren Einheit führte – bis zum heutigen Tag. Die Integration Europas aber kann nur zu einer in jedem Sinn *geteilten* Einheit führen, in der und mit der die Teile besser, sogar eigenständiger leben können als in den nationalen Grenzen, die so lange die einzig verbindliche – und dann nicht mehr tragfähige – Einheit ihrer Bürger repräsentierte.

Dieses Europa, schwer zu machen, ist eben das Dritte, das in der Geschichte der Teilungen immer wieder ausgeschlossen schien – bis sie als Vorbereitung dazu erst lesbar wurde, und jetzt hoffentlich realisierbar.

Europa als kulturelles Projekt, was heißt das? Es zeigt sich in der Krise und der Form, in der diese bearbeitet und bewältigt wird. Während des Ersten Weltkriegs glaubte Thomas Mann in den «Betrachtungen eines Unpolitischen» deutsche «Kultur» gegen westliche «Zivilisation» verteidigen zu müssen. Der Traktat richtete sich im Grunde gegen die Entgrenzung von Raum und Zeit, er verteidigte – in Goethes Sinn – den *Glauben* an die – damals – eigene, deutsche Sache gegen den Unglauben der westlichen Zivilisation.

Mutatis mutandis ist dies der Sprachgebrauch, den man heute in den Verlautbarungen der Mullahs für den Gottesglauben ihrer islamischen Republik wiederfindet. Auch sie kämpfen gegen die jetzt mit den USA identifizierte Zivilisation um den Eigen-Sinn ihres Reviers. Aber sie tun es ohne die Ironie, den stillen Doppelsinn, das heimliche Anderswissen des europäischen Schriftstellers, der zu verstehen gibt, daß er, wenn er sein Lob der kulturellen Heimat mit dem wilhelminischen Autoritätsstaat verknüpft, für eine verlorene Sache, nein: für das Lebensrecht einer verlorenen Sache eintritt. Es ist gerade ihr schwacher Stand, aber auch die schlechte politische Gesellschaft, die sein Plädoyer so drängend macht. Er vertritt nicht die Richtigkeit der kulturellen Sache, sondern ihren Anspruch auf Würdigung. In impliziter Form steckt darin bereits das scheinbar entgegengesetzte Bekenntnis zur deutschen Republik, das sich der Autor einige Jahre später, zur Enttäuschung aller voreiligen Parteigänger seiner nationalen Reaktion, schuldig war. Es ist kein Widerruf der «Betrachtungen eines Unpolitischen», sondern die *politisch* gewordene Bekräftigung der Werte, für die er sich in den «Betrachtungen» erklärt hatte. Ihr Kern war schon damals gespalten vom Zweifel an der Haltbarkeit des behaupteten Eigentums. Und eben dieser Zweifel ist es, der sich nun aus einer neuen Blickrichtung als begründet erklärt: jetzt, nach der Niederlage, spricht er für ein demokratisch zivilisiertes Deutschland und für die nicht mehr durch fremde Zumutung, sondern in eigener Verpflichtung begründete Zugehörigkeit zu einer gemeinsamen Zivilisation.

Wir sind nicht gewohnt, den *Zweifel* für ein politisches Kerngeschäft, und die Befähigung dazu für eine politische Qualifikation, für eine Quelle der Stärke zu halten. Die Kulturgeschichte Europas müßte uns eines anderen, diesmal wirklich Bessern belehren. Der Zweifel bedarf nicht minder als der positive Glaube der zivilen Courage und Phantasie. Nicht nur das Entweder-Oder, auch das Ja-Aber kennt seine Märtyrer, wie Giordano Bruno, und der Satz: «Ich bin nicht seiner Meinung, aber ich würde mein Leben dafür geben, daß er sie äußern kann» hätte seinen Sprecher Voltaire in ebender bürgerlichen Revolution, die er damit beförderte, unter die Guillotine gebracht. Am Eingang des europäischen Denkens steht Sokrates, der für die Frageform, in die er die Wahrheit kleidete, für das Nichtwissen, auf das er sich hartnäckig berief, wegen Gotteslästerung und Jugendverführung den Schierlingsbecher leeren mußte. Er starb in Gelassenheit, nach eigenem Verständnis ein Soldat und brav, für nichts Geringeres als für das Recht des Zweifels in seiner Polis, und im Glauben an die Offenheit des Fragens und die Heiligkeit des Widerspruchs.

Es war – wenn der Ausdruck hier erlaubt ist – ein ironischer Tod, der Tod eines Europäers, und darin war und bleibt er ein Vorbild für den Kulturauftrag der Politik.

Der Kern der Wahrheit ist es, *ganz anders* zu sein: darum die konstruktive Berechtigung des weiterführenden Zweifels. Wenn die Meinungsfreiheit die Freiheit der *anderen* Meinung ist, so ist es der Kern des Menschenrechts, *anders* zu sein. Das gilt für den Einzelnen ebenso: seine Würde zeigt sich in seiner Fähigkeit zum Widerspruch auch mit sich selbst. Die potentielle Andersgläubigkeit der eigenen Überzeugung bleibt das Kennzeichen einer politischen Kultur, an der sich jede reale Zivilisation messen lassen muß, auch wenn und weil sie diesem Maß nur ausnahmsweise genügt.

Und diese kulturell besonders wertvolle und politisch konstruktive Substanz ist durch Europäer, das klassische Athen zuerst, in die Welt gekommen. Sie hat mit der anspruchsvollen Tatsache zu tun, daß die Welt, in der wir leben, ihre Einheit anders als geteilt nicht herstellen, ja nicht einmal erfahren kann und daß sie lernen muß, diese unvermeidliche, sogar wünschenswerte Geteiltheit mit dem Glauben an sich selbst, ihrer sogenannten Identität, zu vereinbaren.

Ein klassischer Hexameter am Geburtshaus des Kolumbus in Genua drückt diesen Zusammenhang in unübertrefflicher Bündigkeit aus: *Unus erat mundus – duo sunt, ait ille. Fuere.* Sinngemäß übersetzt: «Es gab nur eine Welt. Es gibt ihrer zwei, bestimmte dieser. Sie sind es (nämlich zwei) *gewesen.*» Das ist – wie sich versteht – eine grandiose Vereinfachung. Auch die Welt des Mittelalters, aus welcher der Entdecker einer neuen Welt aufbrach, und die er durch seine Entdeckung aufbrach, war alles andere als eine Einheit. Aber in ihren Kreuzzügen verstand sie sich so, bis ihre einzige Wahrheit mit einer ganz andern, der arabisch-muslimischen Welt, zusammenstieß. In der Folge brach sich das Schwarz-Weiß der Glaubenstopographie zum bunten Farbenspiel einer

Kultur, in der sich von der gebauten Gotik über die chevaleresske Ideologie und den Minnesang bis in den Marienkult hinein der Einfluß des *andern*, darum alles andere als minderwertigen Glaubens erkennen läßt.

In der Folge sollte er sich als auch naturwissenschaftlich überlegen und sogar als besserer Hüter der antiken Quellen Europas erweisen. So wanderte, was die europäische Geschichte von sich einst abgespalten hatte, über den Orient wieder in sie zurück und sorgte dafür, daß die europäische Identität an Mehrdeutigkeit gewann und nicht nur fragwürdig blieb, sondern das Sich-selbst-Befragen nicht verlernte. Dieses Fragen sollte in der Neuzeit der übrigen Welt die Antworten liefern, welche die Zivilisation der Moderne begründen. Und jetzt kann es nichts so Europäisches geben, wie: in diesem Antworten wieder die Frageform zu erkennen, und mit ihrer Fragwürdigkeit leben zu lernen, individuell und gemeinschaftlich.

Daß die Neue Welt, die Kolumbus auftat, zu Einer Welt geführt hätte, traf ja ebensowenig zu – es sei denn für ihre geographische Darstellung, und ihre Folgen für das kollektive Bewußtsein. Die hiermit bewiesene Kugelgestalt der Erde war bald von der viel weiter reichenden Entdeckung begleitet, daß sich Sonne und Firmament keineswegs um dieses unser Gestirn drehten. Die Erde war eins, gewiß – aber zugleich war sie nur noch ein mittlerer Planet, ein verschwindender Himmelskörper in einem ins Grenzenlose expandierenden Universum.

Und diese sogenannte kopernikanische Kränkung sollte nur die erste in einer ganzen Reihe sein, die Europa, eine europäisch geprägte Wissenschaft, dem Homo sapiens in der aufbrechenden Moderne bescherte. Seine Wahrheitsliebe auf eigene Kosten entthronte ihn Schritt für Schritt von der ausgezeichneten Stelle, die er im Glaubensgebäude des Mittelalters eingenommen hatte. Er mußte zu wissen wagen, daß die Einheit seiner Welt, je weiter er sie erforschte, um so sicherer verlorenging, und daß die einsame Selbsttätigkeit, zu der er sich durch zunehmende Aufklärung verurteilte, von seiner Selbstgewißheit immer weniger übrigließ, am Ende nicht einmal die Herrschaft im eigenen Haus oder die Verläßlichkeit der von ihm entdeckten Naturgesetze.

Gewiß: es ist frag-würdig, diesen als Fortschritt verkleideten Abbau kultureller und existentieller Gewißheit mit Europa zu identifizieren. Und doch: die übrigen Kulturen der Welt erfuhren es so. Sie identifizierten eine für den Menschen ebenso verhängnisvolle wie unabweisliche Entwicklung mit unserem Erdteil und dessen Anfällen von Spaltungsirresein: dem politischen, dem kulturellen, dem wissenschaftlichen. Es ist mehr als ein Wortspiel, daß kein Erdteil mehr zur Teilung der Erde beigetragen hat, mit ihr identifiziert und für sie verantwortlich gemacht wurde als Europa. Das beginnt mit dem römischen Prinzip des *divide et impera*, das sich bis in die Praxis des britischen Empires fortgesetzt hat: Spalte auf, was du nicht physisch oder kulturell kompakt besetzen kannst, und mach dir die Rivalität der lokalen Machthaber zunutze. Daraus wird, in der Summe, ein befriedetes Imperium, das als *Pax Romana* der Antike auch ideell zu verteidigen war. Danach setzten sich die europäischen Teilungen fort und spalteten immer wieder ein Stück alter Identität ab. Überaus folgenreich bis heute war die Teilung in ein römisches West- und ein Ostreich, wobei das letztere dem europäischen Bewußtsein – oder auch den Lehrplänen des Geschichtsunterrichts – so gut wie verlorenging, obwohl es bis fast zur Entdeckung Amerikas fortbestand.

Erst seit dem Ende des Kalten Kriegs meldet sich dieses oströmische Reich in vielfältiger, aber fremd gewordener Orthodoxie im europäischen Kontext zurück. Es hat die Spaltung von *Imperium* und *Sacerdotium*, den Konflikt von Kaiser und Papst nicht mitgemacht, die nicht aufhörte, das nachkarolingische Westreich zu beschäftigen und umzuformen, nachdem es seinerseits in drei Teile zerfallen war. Das ehemalige Mittelreich Kaiser Lothars sollte, zwischen Ost und West zerrieben, zur Dauerkampfzone der europäischen Geschichte werden – bis die gemeinsame Niederlage der Erbfeinde Deutschland und Frankreich die Kluft zu schließen vermochte und das untergegangene Mittelreich zur eigentlichen Nahtstelle der europäischen Einheit wurde, die sie gewissermaßen mit ihren Hauptstädten Brüssel, Luxemburg und Straßburg sicherte. Die Reformation genannte Glaubensspaltung hatte auf Umwegen zu einer doppelten Expansion Europas geführt: geographisch über den Atlantik – bis zur Abspaltung und Verselbständigung der nordamerikanischen Kolonie –, ökonomisch durch die Neubegründung der Welt in einer zum Credo aufgestiegenen kapitalistischen Handelsfreiheit.

Und so gibt es keine historische Spaltung Europas, die nicht zu einer für die übrige Welt folgenreichen Mutation der Kultur geführt hätte, bevor ihre Entzweiung auf die Europäer selbst zurückschlug und sie zu einer Revision der erreichten Identität zwang. So geschieht es heute wieder am Ostrand Europas, wo der Graben des Kalten Kriegs sich, wie derjenige durch Kerneuropa, nicht schließen kann, ohne die Teilung zuvor schmerzhaft bewußt zu machen. Europa muß sich am Anderssein der neuen EU-Länder selbst als anders erkennen. Wo immer Europäer hinkamen und zugriffen, mußten sie zugleich die Grenzen ihrer Herrschaft kennenlernen und den Zweifel an ihrer Legitimation säen. Und diese Saat ist es, die nun aufgeht und im vereinigten Europa Frucht tragen muß. Europa hat im kolonialistischen Umgang mit dem Rest der Welt nicht nur seine Unschuld verloren, sondern seine Schuld erkennen und seine Schuldigkeit anerkennen gelernt.

Es gibt andere Spaltungen, die, von Europa ausgehend, nicht minder folgenreich waren als die historischen. Zuerst die philosophische, die mit Descartes keineswegs begann, aber eine Abspaltung der Objekte des forschenden Interesses, einer autonomen Sphäre der «Objektivität» vom mittelalterlichen Universum erzeugte und zur Grundlage naturwissenschaftlicher Forschung erhob. Auch diese für die moderne Zivilisation typische Spaltung von Objekt und Subjekt lernt die Wissenschaft heute wieder zusammenzufügen. Denn die Objektivität, welche das europäische Subjekt gewissermaßen hinter dem eigenen Rücken geschaffen hat, erweist sich als abhängig von seinen Annahmen, um nicht zu sagen als kulturspezifisch. Und in dem Spiegel, der ihm gleicht («du gleichst dem Geist, den du begreifst»), muß das Subjekt nicht nur lesen lernen, was es ist und tut, sondern auch erkennen, was es von sich selbst nicht begriffen hat.

Fundamental für die Zivilisation – die europäische zuerst – war natürlich der Fortschritt der Arbeitsteilung, die aus Agrarländern Industriestaaten machte. Sie führte die von der Naturwissenschaft festgestellten Gesetze einer maschinellen Nutzung großen Stils zu, auch der waffentechnischen, und ermöglichte damit die Weltherrschaft neuer Imperien. Aber in jedem dieser Spaltungsprozesse saß auch der europäische Zweifel und sorgte für jenen Widerspruch, der auf die Überwindung der selbstgeschaffenen Systeme zielte und jeder Revolution eine Gegenrevolution bescherte.

Die erste gewaltsame Globalisierung der Welt – so strittig sie unter den werdenden Großmächten war – stellte sich den eroberten Völkern doch einheitlich, als Europäisierung dar, als Transplantation einer fremden, überlegenen Technologie, als Infektion mit Werten, die darum zur Teilung der Welt fähig waren, weil ihre Seele die Teilung war. Dabei war auch diese selbst immer alles andere als ungeteilt. An der von Europäern produzierten Realität leuchtete die *Klugheit* auch allen andern Kulturen ein, wohl oder übel.

Was zweifelhaft wurde, und immer frag-würdiger, war ihre *Weisheit.* Auch in der Wissenschaft führte jede Antwort – im günstigen Fall – zu größeren Fragen.

Dabei änderte sich an der «gebrechlichen Einrichtung der Welt» (Kleist) weniger, als die Pioniere der Moderne versprochen hatten. Mit der Quantifizierbarkeit der irdischen Größen und Güter änderte sich vor allem die Qualität ihrer kollektiven Wahrnehmung. Die Zeit war früher in Gottes Hand gewesen, eine rechenschaftspflichtige Leihgabe. So kam es nun immer mehr allein darauf an, daß sie sich rechnete – aber nach welchem Kriterium? Ein Hauptgewinn der Reformation, die Privatisierung des Glaubens, überforderte oder vereinsamte die Begünstigten, und der Eigen-Sinn der Dinge, aber auch der Menschen wich dem forschenden Blick auf ihre mögliche Funktion in einem Kalkül.

«Handle so», hatte aber eine Fassung von Kants kategorischem Imperativ gelautet, «daß du die Menschheit, sowohl in deiner Person, als auch in der Person eines jeden andern, jederzeit zugleich als Zweck, niemals bloß als Mittel brauchest!» Das ist von einer quasi betriebswissenschaftlich organisierten Marktwirtschaft viel, es war auch in Europa zu viel verlangt. Immerhin bleibt für Europäer die Erinnerung obligatorisch, daß sie es sich selbst abverlangt haben, daß die Zweckfreiheit des Menschen in der Realität, nicht allein in der Kunst, ein europäischer Entwurf war, dazu bestimmt, am berechtigten Zweifel an seiner Möglichkeit zu reifen.

Dieser produktive Zweifel ist der redlichste, in seiner Humanität zuverlässigste Begleiter der europäischen Geschichte gewesen. Ich meine, die Einigung Europas sei eine neue, eine wahrhaft historische Gelegenheit, ihn konstruktiv und nachhaltig auf sich selbst anzuwenden.

Idealisiere ich die europäische Union? Aber ich stütze mich auf ihre Erfahrung, die zur Idealisierung sehr wenig hergibt. Gewiß doch – sie ist auch ein Interessenverband, ein

Herrenclub, immer noch und schon wieder Ausdruck eines Wettbewerbs, in dem die Lektionen der Vergangenheit flott verlernt werden können, eine Wohlstands- und Verteidigungsgemeinschaft, der, wenn es hart auf hart kommt, das Wohl der andern gestohlen bleiben kann. Und doch: europäisch ist für mich auch die Gewißheit, daß ein Bündnis von Egoisten keine Zukunft für sich hätte und für die Zukunft der Mitbürger auf dieser Erde nichts beitragen könnte. Europa wird das Gedächtnis an die fatalste Kernspaltung in seiner Mitte nicht los, das Schwarze Loch, das jede naive Zuversicht auf den Menschen, gerade den europäisch gebildeten, verschlungen hat.
An derselben Stelle findet sich aber auch der Grund für die gereifte Zuversicht. Hier liegt das Goldmaß für die Glaubwürdigkeit der europäischen Konstruktion verborgen: in der Tiefe des Zweifels an ihrer Tragfähigkeit und einer entsprechenden politischen Sorgfalt. Dieser Zweifel reicht tiefer als jede europäische Folklore. Er muß stärker bleiben als die berechtigte Freude an der historischen Schönheit des Verbunds. Er ist zuerst ein Schutzbündnis seiner Teilnehmer gegen die allzeit wieder mögliche Häßlichkeit. Der europäische Hochmut darf sich nicht wiederholen, denn Europa hat den Nachweis, wie unbegründet dieser Hochmut ist, zu durchschlagend geliefert. Europa, das ich meine, wird das Produkt einer Aufklärung zweiten Grades, der Aufklärung der vermeintlich Aufgeklärten, über sich selbst sein – oder es wird nicht sein, und dann muß es nicht sein.
Auch die Aufklärung mußte noch einmal gespalten werden, in eine gläubige und eine tief ungläubige, radikal selbstkritische Komponente. Das Europa, das ich meine, ist auf den Trümmern der Zivilisation aufgerichtet: darum und davon wird es zur Kultur. Für die politische Praxis heißt das: Es hat auch in seinem Aufbau, seinem Zusammenschluß der Verschiedenen, deren Spaltung zu berücksichtigen und anzuerkennen. Seine Kultur ist eine födera-

listische Kultur, oder es ist keine. Europa hat vom spaltbaren Material seiner Geschichte auszugehen, um sich über ihre Gemeinsamkeit zu verständigen. Es hat den Unglauben an sich selbst als praktizierendes Glaubensbekenntnis zu etablieren. Der Pluralismus der Wahrheiten muß ein starker, ein bescheidener, aber ein tragender Glaube Europas werden. Da ist Lessings Weisheit am Platze, der von Gott, als er ihm in der rechten Hand die Wahrheit, in der Linken die Suche nach der Wahrheit anbietet, die Gabe der linken Hand vorzieht, mit der Begründung: die ganze Wahrheit sei doch nur für Gott allein.

Die Menschheit leidet heute an politischen Ansprüchen auf die ganze Wahrheit. Sie haben das Zeug, die Zivilisation zu zerstören, ob sie von diesem oder jenem Fundamentalismus ausgehen. Alle wollen sie unser Bestes, und als Europäer müssen wir wissen, daß wir ihnen gerade unser Bestes nicht geben sollen, denn es wird zuverlässig das Schlimmste daraus. In diesem Glauben an die Unhaltbarkeit absoluter Normen müssen die Europäer wachsen und stark werden. Und woran sollen sie diesen Glauben üben, wenn nicht an der Differenz, die sie untereinander haben und immer haben werden?

Und am Ende wage ich auch zu vermuten, was Goethe mit seinem Lob des Glaubens gemeint hat, und mit seiner Ablehnung der Toleranz. «Dulden heißt beleidigen», sagte der Alte, aber seine Alternative war nicht die Intoleranz, sondern die *Neugier* auf den andern, die Wissenslust auf seine Andersartigkeit, die Erfahrungsbereitschaft, ein europäisches Haus mit vielen Wohnungen einzurichten, in denen weder gleich dekoriert noch gleich geglaubt oder gebetet werden muß. Ob das in der Geschichte der Menschheit zum erstenmal gelingt, ist alles andere als eine Gewißheit. Aber es ist ein Glaube, den die Hoffnung stützen kann und die Liebe begleiten darf.

3. *Europa: Wo liegen seine Grenzen?*

Der Blick von Duderstadt bei Göttingen über offenes Feld, ohne Hindernis bis auf den nackten Streifen, der sich von einem Horizont zum andern zieht, *Land Art* für Gefangene. Oder der Blick von der hölzernen Plattform beim Berliner Reichstagsgebäude über die Mauer, über einen menschenleeren Platz, auf verödete Fassaden: dort ist drüben. Dort beginnt die Fremde, auch wo das Künstliche der Grenze ins Auge springt. Um so deutlicher gibt sich die Fremde an vielen Zeichen zu erkennen, vom anderen Straßenschild bis zur anderen Uniform der Grenzwachen und der Öde, in der sie patrouillieren.

Diese Zeichen verdichten sich an den wenigen Stellen, wo diese Grenze überschritten werden kann. Die Kontrolle ist scharf, eng, ungastlich. Willst du zugelassen werden, darfst du nichts Unzulässiges mitführen. Du kennst die Zeit, die du bleiben darfst, und die Stunde, in der du spätestens wieder gehen mußt. Zwischendurch ist deine Bewegungsfreiheit eingeschränkt. Nicht alles, was nicht ausdrücklich verboten ist, ist darum schon erlaubt, anderes ist nicht ratsam. Du kennst die Regeln nicht, darum verstoß gegen keine. Das andere Land ist auf der Hut, also hüte dich, und vor allem hüte deine Zunge. Das andere Land fürchtet, verraten zu werden, es verrät sich selbst, auf Schritt und Tritt. Aber was du mit Händen greifen kannst, bring es keinesfalls aus. Das andere Land fühlt sich unsicher, darum pocht es auf seine Sicherheit. Das heißt: du kannst dich darin, als Ausländer, keinen Augenblick sicher fühlen. Du hast keine Rechte, auf die du dich berufen kannst, und wenn du es tust, nützt es dir nichts. In diesem andern Land könntest du spurlos verschwinden.

So sah die Grenze aus, die noch vor einigen Jahren durch Deutschland ging, und mitten durch Berlin. Solche Grenzen nicht mehr zu haben: welche Wohltat, welche Errungenschaft. Und dies in einem Europa, das bis vor kurzem noch aus Verteidigungslinien, Schützengräben, Todeszonen bestand. Meine Eltern wollten sich noch an einen Zustand erinnern, wo man ebenfalls ohne Paß durch Europa reisen konnte. Die *Belle Epoque* vor dem Ersten Weltkrieg: das sagt schon alles. Und noch mehr sagt, daß der Kriegsausbruch als ungeheure Erleichterung gefeiert wurde: endlich Schluß mit der trügerischen, betrügerischen Ruhe vor dem Sturm. Endlich das reinigende Gewitter. Endlich wieder Freund und Feind, Entweder-Oder, hüben und drüben. Endlich wieder Grenzen und ein sauberer Krieg, schmerzhaft, glorreich, kurz.

Er währte vier Jahre, er war blutig und unsagbar schmutzig – wie sehr, zeigte sich erst recht nach seinem ruhmlosen Ende. Die großen Friedensschlüsse der Vergangenheit, etwa der Westfälische, verfügten in aller Form eine allgemeine Amnesie über die ehemaligen Kriegführenden. Der sogenannte Frieden von Versailles stand unter einem andern Gebot. Niemals vergessen! Die Devise, die zum Ersten Weltkrieg geführt hatte, überlebte ihn in Form von Verträgen, deren Ungerechtigkeit Methode hatte. Jede verschobene Grenze schrie nach Korrektur, und man weiß, wer sie vollzog und mit welchen Folgen. Das Ende des Zweiten Weltkriegs brachte eine Grenzverschiebung in noch nie dagewesenem Umfang, zu Lasten des geteilten Deutschland, aber auch Europas, das zur Geisel und Manövriermasse der neuen Weltmächte geworden war und zum möglichen Schlachtfeld für einen Dritten Weltkrieg, vielleicht den letzten.

Zugleich war die Zivilisation – jedenfalls im Bewußtsein der Europäer – an Grenzen gestoßen, welche die nationalen Grenzen entkräfteten. Mit der überraschenden Wendung, daß nach einem halben Jahrhundert Nachkrieg die alles überspannende Grenze des Kalten Kriegs tatsächlich kraftlos genug geworden war, um den europäischen Vereinigungsprozeß ins Unabsehbare wachsen zu lassen – ihm so viel Raum zu geben, daß nun die Frage akut geworden ist: bis wohin reicht dieser Raum? Wie weit kann Europa sich ausdehnen, ohne sich zu übernehmen und eine einzigartige, ganz und gar friedliche Errungenschaft zu verspielen? Wo beginnt nichteuropäisches Ausland?

In den Jahren des Kalten Kriegs, als man, unter transatlantischem Vorzeichen, schon mit der Herstellung Kleineuropas beschäftigt war, dachte – außer unheilbaren Reaktionären – im Westen niemand daran, Europa in noch größerem Umfang zu vereinigen. Das war ohne Krieg nicht denkbar – also verbot sich der Gedanke daran von selbst. Und was nicht realistisch war, damit hatte man zu rechnen aufgehört. Man bedachte also auch nicht, daß «Europa» für die über Nacht befreiten Länder Osteuropas in den Jahrzehnten ihrer Gefangenschaft etwas ganz anderes bedeutet hatte – nämlich das gleiche wie für die begünstigten Westeuropäer nach 1945. Freiheit, Marshall-Plan, Investitionen, Wohlstand, und nochmals: Freiheit. Dort rechnete man noch lange nicht damit, daß Europa der Verbindung mit Amerika, dem Garanten all dieser Güter, entwachsen könnte oder gar entwachsen müsse. Diese Differenz kam bekanntlich anläßlich des Irakkriegs zum Vorschein.

In Westeuropa war man politisch weise genug, den Zweifel an der Europafähigkeit der neuen Beitrittsländer nicht bis auf die Substanz der Einigung durchschlagen zu lassen. Der stärkere Zweifel wendet sich jetzt der größeren Frage zu, wie es mit der Vereinigung weitergehen soll, wie weit man sie noch treiben soll und darf. Diese Frage war bisher an der Türkei festgemacht, aber heute wird sie den Europäern unerwartet von einem andern Land gestellt: der Ukraine. Der Name bedeutet «Grenzland» – aber zugleich war sie einmal das Kernland der christlich-orthodoxen Expansion nach Norden und Osten, die sich zum Zarenreich befestigte und ihr Zentrum von Kiew nach Moskau verschob. Unter den roten Zaren war die Selbständigkeit der Ukraine – als Zählstimme in den Vereinten Nationen nützlich – eine Fiktion, die sie ohne Risiko für sich selbst manipulierten: Unter dem Ukrainer Chruschtschow, erst recht unter Jelzin kam sie zu Ehren, vermeintlich folgenlos. Seit dem letzten Wahlkampf aber tritt eine Ukraine auf, die nicht nur als Land, sondern zugleich als europäische Frage wahrgenommen sein will, mit einem nach Westen und einem nach Osten orientierten Teil.

Jetzt, da ich dies schreibe, zeigt sich gerade noch eine friedliche Spaltung, aber der Fall ist absehbar, wo die EU Partei ergreifen muß. Wird sie sich – kann sie sich, muß sie sich im äußersten Fall (sie wird ihn zu vermeiden suchen) für die Teilung eines Landes stark machen, das bisher so gut wie niemand zu «Europa» gerechnet hat – außer, wie man jetzt dramatisch erfährt, die Hälfte seiner Bevölkerung? Wie verhält sich die EU zum potentiellen, aber politisch schon sehr realen Angebot aus einem Land, das, ungeteilt, das flächenmäßig größte Europas wäre – aber welchen Europas? Die Frage seiner Grenze hört plötzlich auf, eine akademische zu sein. Sie stellt sich auf allen möglichen Ebenen: vor allem als Frage des politischen Willens, dann der Frage der eigenen Struktur, der geopolitischen Folgen, der ökonomischen Konsequenzen. Daß die EU auf jeder dieser Ebenen überfordert sei, ist keine üble Nachrede, es ist eine Tatsache – und sogar eine, die ihr keine Unehre macht. Wäre das Bündnis im gleichen Sinn handlungsfähig, zum Zugriff bereit wie irgendeine Großmacht der Geschichte, hätte es aus seiner eigenen nichts gelernt.

Auch nicht aus der allerjüngsten, was das Aufteilen von Ländern betrifft. Ich denke an Jugoslawien – und daran, daß die europäische Politik, auch die deutsche, mit ihrem

Betreiben der Desintegration jenes Bundesstaates einen Spaltpilz wenn nicht in die Welt gesetzt, so doch legitimiert hat, dessen Wirkung es entweder nicht in Rechnung gestellt oder in Kauf genommen hat und die es dann nicht mehr beherrschen konnte. Da hat sich auch die deutsche Außenpolitik ziemlich zauberlehrlingshaft benommen, und wenig europäisch. Auch wenn Jugoslawien eine fragwürdige Konstruktion war, sie hat doch viele böse Geister unter wohltätigem Verschluß gehalten, die man bis heute nicht wieder in die Flasche kriegt. Und der Balkan zeigt sich heute als Blöße Europas, die bedeckt sein müßte, bevor es, salopp gesprochen, an weiteres *Shopping* denken darf. Zu einer ähnlichen Teilung der Ukraine in ein verdauliches und ein unverdauliches Stück sollte die EU jedenfalls nicht Hand bieten. Ihre Bündnispolitik muß ein subtileres Instrumentarium entwickeln als Hackebeil und Trennmesser. Es ist gewiß viel wert, wenn sie als Schutzmacht für die um Juschtschenko gescharte Bewegung mit den Orangefarben nicht zu entbehren ist. Aber zugleich muß sie wissen, wie weit sie mit der Herausforderung von Putins Rußland gehen darf. Denn Europa hat von der Schwäche der gewesenen Großmacht womöglich mehr zu fürchten als von ihrer Stärke. Als Treuhänderin des Atomwaffenmonopols und als Schwarzer Markt für Massenvernichtungsmittel bleibt Rußland gerade bedrohlich genug.

Die europäische Abgrenzung wird Europa ohnehin nicht nur Stoff zum Nachdenken, sondern ausreichend Zündstoff liefern. Denn das historische Rußland, das aus der sowjetischen Panzerung stark vermindert wieder auftaucht, ist ja seinerseits ein wesentlich, nicht nur topographisch zwischen Ost und West gespaltenes Reich. Seine Grenze liegt nicht da, wo sie de Gaulle einmal für sein Europa der Vaterländer annehmen wollte, am Ural – obwohl nicht zu leugnen ist, daß jenseits das letzte große Kolonialreich der Geschichte beginnt, das russische Asien, nicht so ganz anders erobert und besiedelt als der amerikanische Westen, wenn auch, angesichts der sibirischen Verhältnisse, nicht eben auf der Suche nach einem Gelobten Land. Aber doch auch durch Weiße erobert und besetzt, und, sieht man von den Strafkolonien ab, in nicht geringerem Pioniergeist, dem die einheimische Urbevölkerung ebenso rücksichtslos geopfert wurde. Aber als Hort ungehobener Bodenschätze könnte sich das grenzenlose Gebiet noch als Bonanza erweisen, und im Bewußtsein der Russen zählt es nicht weniger zum Bestand als für die Amerikaner Kalifornien – besonders seit dem letzten Weltkrieg, von Stalin der «vaterländische» genannt, als es der Roten Armee als uneinnehmbares Rückzugsgebiet gedient hatte.

Es wird sich also nicht nur bis zum Ural europäisieren lassen – besonders, da das Grenzenlose von den Russen gewissermaßen als nationales Kulturmerkmal, um nicht zu sagen als Grundlage eines eigenen Sendungsbewußtseins, verstanden wird. Und diese Grenzenlosigkeit, Europa von Haus aus fremd, zeigt sich auch in der kulturellen Ost-West-Spaltung Rußlands, das sein Heil und nichts Geringeres einmal in der einen, einmal in der anderen Richtung gesucht hat. Dieser maximalen Fluktuation des russischen Selbstgefühls, das uns so viel mehr als Gefühl denn als Selbst entgegentritt, ist das vergleichsweise immer noch kleine, hoch differenzierte und artikulierte Westeuropa nicht gewachsen. Und auf die Nachhilfe seines osteuropäischen Nationengürtels, auf dessen Rußland-Aversion Verlaß ist, stellt es doch besser nicht ab.

Nein, ich fürchte, politisch gehört Rußland nicht zu «Europa» – trotz der wahrlich europäischen Physiognomie St. Petersburgs, aber auch Moskaus, das denn doch viel eher eine «europäische» als eine «asiatische» Metropole ist. Wenn die Faustregel gelten soll, daß zu Europa gehört, was sich selbst dazu zählt, so ist Rußland entweder zweimal europäisch, oder nur halb. Es will nicht an Europa gemessen sein und bleibt eine Übergröße eigenen Rechts, mit einer eigenen und auf der Welt einmaligen Konstitution, und gehört ebensowenig zu Europa wie die Vereinigten Staaten, obwohl sie, oder weil sie, Europa entsprungen sind. Sie sind ihm auch in jedem Sinn des Wortes entwachsen.

Um so mehr aber könnte das Vereinigte Europa an diesem gewaltigen, zu beider Glück nicht mehr übermächtigen russischen Nachbarn ein Probestück liefern, wie es sich selbst versteht. Der Verkehr zwischen den Kontinenten, dem feingliedrigen und dem massiven, ist nie eine Einbahnstraße gewesen. Der Zar, der in Holland das Zimmermannshandwerk erlernte und danach das nach ihm benannte Venedig des Nordens aus Sumpf und Eis stampfen ließ, der Tyrann als Aufklärer, repräsentiert die *eine* Richtung des großen Verkehrs. Aber wie vielen Lesergenerationen der Welt – also auch Europas – hat Dostojewski nicht nur aus der Seele geschrieben, sondern ihnen die Abgründigkeit dieser Seele erst bewußt gemacht? Von wem haben sie sich wie von Tolstoj die Reform ihres Lebens verschreiben lassen, die Alternative zum naturfernen Leben ihrer Zivilisation? Wo wären unsere Bühnen – bis heute – ohne die Finesse Tschechows, an der selbst zu allem entschlossene Jungregisseure scheitern – weil der russische Dichter selbst mit dem, was er verschweigt, zuverlässig mehr zu sagen hat als sie?

«Gegenüber dem Vollkommenen gibt es keine Freiheit als die Liebe», hat Schiller über «Wilhelm Meister» gesagt – und wie viele abendländische Pilger haben in Rußland das Vollkommene gesucht und ihre Freiheit geringgeschätzt gegenüber dem Dienst an der Liebe, dem sie dort begegnet sind und dessen Berührung sie das Beste und, ja: das Heiligste ihrer eigenen Arbeit zu verdanken glaubten? Dieses Rußland hat das europäische Maß immer wieder zu beschämen gewußt, denn es will an einem ganz anderen, im Kern religiösen gemessen sein.

Und so wird das vergessene Maß, auch wo es nicht ehrwürdig war, wo es fortgesetzt empörend ist, wie in der Knute über kleinen Völkern, immer wieder die paradoxe, doch für das Verhältnis zu Rußland typische Folge haben, daß sich Europa von ihm distanzieren muß, weil es fürchten muß, ihm nur zu nahe zu sein – weil es ihm mit seiner Maßlosigkeit ebenso nahetritt wie nahegeht. Man kann es nicht in eine europäische Union integrieren, aber von Europa ausschließen – das kann man Rußland ebensowenig.

Wenn nicht die Ukraine – oder wenigstens die halbe Ukraine; wenn nicht das ganze Rußland und auch nicht das geteilte – so doch die Türkei? Die ganze Türkei? Denn auch hier gäbe es ja, um die absurde Topographie fortzusetzen, eine «europäisch» genannte Türkei, und Istanbul, vordem Konstantinopel und noch früher Byzanz, gehörte sogar dazu, denn es liegt zum größeren Teil diesseits des Bosporus.

Die Frage der Aufnahme der Türkei in die EU ist natürlich ernst und prinzipiell. Trotzdem erinnert sie mich, frivoler- und fatalerweise, an die Konferenzen, in der Schweiz «Notenkonvent» genannt, zu denen sich die Lehrer versammelten, um die Versetzung von Schülern zu diskutieren – der «Zweifelsfälle». Diese Gelegenheit brachte das Schlimmste an ihnen ans Licht – nicht der Schüler, aber der Lehrer: Buchhaltergeist, Pharisäertum, eine nicht minder peinliche Gnadenbereitschaft, ungebrochenes Vertrauen in den hohen Handelswert des eigenen Urteils, der beim Feilschen, oft bis zur zweiten Stelle hinter dem Komma, zur Geltung kam. Sie waren keine Unmenschen, sie waren Schulmeister – als Zunft so borniert und eitel, wie kein einzelner in seiner Stunde hätte sein wollen und auch keiner wirklich gewesen ist. «Hat und gibt sich Mühe» – das ist eine der Prägungen, die mir von diesen Zusammenkünften geblieben ist. Da hing es denn an einem Faden, ob einer, der nicht genügte, dadurch zu retten war, daß er sich mindestens anstrengte. Auch im Gnadenfall begleitete ihn mehr als eine Spur von Geringschätzung. Doch der noch weniger appetitliche Geschmack haftete am Spender. Aber er war zufrieden mit sich selbst.

So hat, in meiner Erinnerung, noch keiner gut ausgesehen, wenn er sich für oder gegen den EU-Beitritt der Türkei aussprach. Natürlich erlaubte er sich für das eine wie für das andere nur die besten Gründe, und ich werde – das sei vorausgeschickt – mit meinen nicht besser aussehen. Ich kann nur ausführen, nicht wirklich rechtfertigen, warum ich die Türkei lieber nicht als Vollmitglied der EU sehe. Wäre ich dafür, so vermöchte ich nämlich gar keine Gründe mehr zu erkennen, warum die übrigen Anrainerstaaten des Mittelmeers ausgeschlossen sein sollen, das zwischen allem, das es trennte, zugleich eine im Ölbaum, dem Baum der Stadtgöttin Athens, symbolisierte Einheit stiftete. Diese Gründe rinnen mir wie Wasser durch die Finger, wenn ich mir Fernand Braudels grandiose Monographie des Mittelmeers vergegenwärtige. Doch daß es für Europa das *Mare nostrum*, «unser Meer» ist und bleibt, begründet keinen Rechtsanspruch der Europäer auf seine politische Aneignung. Es war auch das Meer der Andern. Neben der griechischen Kolonie lag eine phönizische, neben dem normannischen Handelsplatz ein arabischer. Das Sizilien König Rogers oder seines Schwiegersohns Friedrichs II. hatte eine Bevölkerung, die sich unter die drei großen monotheistischen Religionen verteilte: Alle haben sie die innere Form Europas geprägt; nicht alle gehören darum zur oder in die europäische Union. Wenn es im Mittelalter *eine* Stadt gab, auf die das christliche Abendland Anspruch erhob, war es Jerusalem; wenn es *eine* Gegend gab, wo Kultur, Toleranz und Wissenschaft blühten, so war es Spanien unter der Herrschaft der islamischen Omaijaden.

Spanien gehört heute zu Europa, Jerusalem nicht – aber Europa hat die Heilige Stadt, die es nicht dauerhaft erobern konnte, in jeder seiner heiligen Stätten nachgebaut. Wo Christen sich zum Gebet versammelten, war Jerusalem, und der Grundriß ihrer Dome war nach diesem Zentrum, einem Ex-Zentrum des Glaubens orientiert. Was Europa dem heute ägyptischen Alexandria an geistiger Fundierung verdankt, ist überhaupt nicht zu ermessen. Die Fundamente der katholischen Kirche hat ein afrikanischer Bischof namens Augustinus gelegt; die Moschee von Cordova dient heute den katholischen Christen zum Gottesdienst, während die Hagia Sophia in eine Moschee umgebaut ist. Viel neue Gelehrsamkeit der Renaissance war mit den byzantinischen Philologen auf der Flucht vor der osmanischen Eroberung aus Konstantinopel ins christliche Italien hinübergekommen. Aber daß sie ihm die Originaltexte griechischen Denkens und Dichtens überhaupt bringen konnten, verdankten sie den kulturellen Zentren des Islam, wo sie gehütet und studiert wurden. Warum ist Bosnien muslimisch? Weil arianische Christen, die Bogumilen, die sich vor katholischer Verfolgung in das tolerantere Osmanenreich gerettet hatten, dessen Glauben übernahmen, ungezwungen und ihrerseits tolerant – bis gestern.

Was folgt aus alledem für die europäische Einigung? Wenn alle mit der europäischen Kulturgeschichte aufs engste verbundenen Länder in die EU eingemeindet sein müssen, dann gäbe es auch keinen ernstzunehmenden Grund, ihre Bewerbung vorausgesetzt, Iran, Indien, China oder auch Japan auszuschließen – auch keinen wirtschaftlichen Grund. Dagegen meine ich zunächst einmal ganz pragmatisch, die EU sei zu allererst ein Zweckverband zur Sicherung ihrer eigenen Errungenschaft und müsse es noch lange bleiben. Denn diese ist kostbar, nichts daran versteht sich von selbst, und sie darf um nichts in der Welt verspielt, kaputtgedehnt werden. Da muß die primitive Sorge erlaubt sein, daß das Bündnis nicht mehr verschlingt, als es verdauen kann. Verdauen aber heißt: dessen politische und kulturelle Integration sich Europa zutrauen darf, ohne daß es seine Ressourcen überzieht. Und mit den neuen Ländern hat es schon mehr als genug zu tun.

Im ersten Kapitel habe ich gesagt, daß ich mir ein Europa *mit* Grenzen so wenig vorstellen kann wie eines *ohne* Grenzen. Hier ist, glaube ich, von einer Grenze zu reden, die sein muß, die Grenze des Fassungsvermögens der Union. Damit sei ausdrücklich nicht ihre Identität gemeint, eine zweifelhafte Größe, auf die ich, gern oder ungern, zurückkommen muß. Ich rede aber von ihrer realen Größe. So wie es vernünftige Grenzen gibt für die Praxis der direkten oder plebiszitären Demokratie, so ist die Kohäsion eines Bündnisses an eine bestimmte, nicht beliebige Größe gebunden. Mit der Türkei – das wage ich zu fürchten – wäre diese Größe überschritten, hätte die Union ihre entscheidende Grenze, die politische, überschritten. Es sei denn, ihr Ziel wäre nicht die Bildung einer zivilen Gesellschaft der Verschiedenen, sondern der Aufstieg zu einer Weltmacht, deren Geltung nicht auf ihrem Modellcharakter beruht, sondern auf ihrem Interventionspotential als *Global Player*. Nur wenn sie den Willen dazu deklarierte und die Mittel dafür einzusetzen bereit wäre, dürfte sie daran denken, ihre Grenze mitten ins Krisengebiet des Nahen Ostens zu verschieben.

Denn mit der Türkei grenzte die Union unmittelbar an den Kaukasus, den Irak und an Iran; sie wäre von Israel bzw. Palästina nur durch Syrien getrennt. Eine Nachbarschaft, in der es mit Neutralität noch viel weniger getan wäre als heute, wo sich Europa noch einige wenige Optionen der Nichteinmischung vorbehalten kann. Im Nahen Osten müßte es geradezu handeln – das wäre auch eine Zerreißprobe nach innen, der man nur mit einem viel stärkeren Organisationsgrad – und natürlich immer: mit der nötigen militärischen Bereitschaft – begegnen könnte.

Ich weiß nicht, welches von beiden für Europa, für die europäische Idee fataler wäre. Nein, die Inkorporation einer

muslimisch geprägten Gesellschaft ist es nicht, die ich Europa ersparen möchte – dieses Problem wird sie nicht nur mit Bosnien und Albanien, sondern mit jeder europäischen Großstadt auch im eigenen Haus haben. Und sie beginnt gerade erst, sich um tauglichere Lösungen als das *Laissez-faire* einer durchaus nicht nur fröhlichen Multikulti-Gesellschaft zu bemühen, die auf nichts anderes hinausliefe als eine Entrechtung und Ghettoisierung ihrer Mitbewohner aus anderen Kulturen. Man beraubt sie, und man macht sich etwas vor, wenn man glaubt, sich und ihnen die Mühe der Integration schenken zu können. Mit diesem Geschenk riskieren wir die Exkommunikation der Ausländer und laden sie zu einem fortgesetzten und schließlich nicht mehr begrenzbaren Konflikt ein, dem auch und gerade mit einem Polizeistaat nicht mehr zu begegnen ist.
Auf dieser Ebene ist Europa «Sicherheit» durchaus nicht zu wünschen – sie wäre auch, bei der Radikalisierungstendenz auf beiden Seiten, nicht zu erreichen. Was den türkischen, maghrebinischen oder ambonesischen Minderheiten in Europa abverlangt werden muß, wozu sie aber auch die bürgerliche Chance erhalten müssen, ist: daß sie Hüter ihrer selbst zu sein lernen, daß sie auch Teil der gemeinschaftlichen Struktur werden müssen, statt sich auf Ansprüche an sie zu beschränken und damit ihren Widerstand herauszufordern. Das Bürgerrecht für Nichteuropäer in Europa muß genau so erkämpft werden, wie dasjenige der Schwarzen oder Latinos in den USA, damit sie Vollbürger ihrer Länder und der Union werden können. Daß die Grenzen für ihren Zuzug unbeschränkt offenbleiben, ist nicht machbar, und darum ist es nicht verantwortbar. Eine EU ohne regulierte Einwanderung würde nur sich selbst ruinieren; damit wäre die Gemeinschaft auch nicht mehr imstande, denen, die anderswo in der Welt seine Unterstützung benötigen, mit dem Nötigsten zu dienen.

Hier steht jedes Staatsgebilde – auch das europäische – vor Entscheidungen, die ihm eine harte Güterabwägung, und damit eine bittere Erfahrung seiner Grenzen, nicht ersparen. Aber auch die pädagogische Taktik des europäischen Lehrerkonvents muß eine Grenze haben. Wäre ich Türke, so weiß ich nicht, ob ich mir die Schlaumeierei der verlängerten Probezeit gefallen ließe: nur noch ein paar Jahre nachsitzen, und wenn du so lange brav bleibst, dann können wir über deine Versetzung reden. Wäre es nicht redlicher zu sagen: verehrte und respektgebietende Türkei: das Problem für deine Aufnahme in die EU liegt zuerst auf unserer Seite. Es hat mit der Frage, wie europäisch die Türkei sei oder noch werden müsse, sehr wenig zu tun, um so mehr mit dem Fassungsvermögen der EU-Staatlichkeit, und deren Grenze können wir nicht einmal bedauern. Die EU ist nicht «Europa», sie ist ein europäischer Versuch, sich politisch zu organisieren. Und dieser Staatenbund hat mit der Wirtschaft eben *nicht* gemeinsam, daß er unbeschränkt wachsen kann. Er teilt ihren Aberglauben nicht, daß er um jeden Preis wachsen *muß* und verschwindet, wenn er das nicht tut.

Das politische Europa hat mit seiner Geschichte die genau gegenteilige Erfahrung gemacht. Es ist immer wieder daran untergegangen, daß es für seine Expansion keine Grenzen kennen wollte. Daß es noch da ist, daß es in Sachen Zivilisation noch oder wieder mitreden kann und gefragt ist, verdankt es dem pechschwarzen Wunder einer historischen Niederlage. Für seine, für unsere Begriffe war sie total genug.

Und wenn ein so philosophisches Argument von einer beitrittshungrigen Türkei als bequemes Alibi oder gar als rassistisch oder ethnozentrisch mißverstanden werden sollte, muß man pragmatisch reden. Die Union hat mit den Minderheiten innerhalb ihrer nationalen Gesellschaften – auch den türkischen – bereits alle Hände voll zu tun. Sie hat das rechte Maß für ihre Integration noch durchaus nicht gefunden. Da sammelt sich immer noch Zünd- und Sprengstoff für einen Glaubenskrieg an, von dem wir uns durch die Aufnahme der Türkei in die EU nicht loskaufen könnten: Wir würden ihn verschärfen.

Dafür sind unsere Gesellschaften einstweilen nicht stark genug. Was wir uns an Reform unserer Sozialsysteme schuldig zu sein glauben, droht heute die bestehende Gesellschaft zu spalten: Wir müssen froh sein, wenn es uns gelingt, ihre drohende Destabilisierung aufzufangen und die Türken innerhalb der EU vor Exkommunikation zu bewahren. Die Erweiterung der EU-Grenzen um die ganze Türkei wäre ein Schritt zu viel: Zypern hat bewiesen, daß uns der Abbau dieser Grenzen nicht einmal auf einer Insel gelingt. Dieser Beweis macht uns Europäer nicht stolz, er dient uns zur Warnung.

Wir wissen nicht, wie sich eine säkularisierte Konstitution mit einer islamischen Gesellschaft verträgt. Die Beispiele, mit denen wir es innerhalb Europas bisher zu tun hatten, etwa Bosnien, ermuntern nicht zur Zuversicht. Sarajevo war eine befriedete Stadt, solange sie in der jugoslawischen Föderation – gut oder schlecht – aufgehoben war. Diese Föderation wurde zerschlagen. Vom jugoslawischen Gefäß ist ein Scherbenhaufen zurückgeblieben, aus dem sich die EU bedient hat. Sie hat zwei Stücke für sich herausgebrochen – eines, Slowenien, ohne Umschweife, das zweite, Kroatien, auf dem Wege der Reservation. Ob dies ein Europas recht würdiges Vorgehen war, auch wenn ihm die bevorzugten Bevölkerungen gerne zugestimmt haben, bleibe dahingestellt. Mit dem traurigen Rest Jugoslawiens ist Europa jedenfalls im andern Sinn bedient, nämlich überfordert. Nun fällt es ihm zu, zwischen Serben und Kossovaren, zwischen Exjugoslawen und Albanern und innerhalb des geteilten Bosnien die leider nötig gewordenen, aber zugleich anachronistischen Grenzen zu bewachen. In diesem

Balkan, der zum europäischen Hinterhof geworden ist, etwas wie Frieden zu stiften, ist dem vereinigten Europa bei weitem nicht gelungen, und es konnte schon für den ersten Schritt die amerikanische Hilfe nicht entbehren. Vielleicht war es schon darum ein falscher Schritt. Jedenfalls betrachtet Europa diesen blinden Fleck seiner Zuständigkeit seither überwiegend im Licht der Kriegsverbrecherprozesse, die an einem internationalen Gerichtshof laufen und – selbst wo ihre Wirksamkeit sich bemerkbar macht – zur Schaffung ziviler Verhältnisse im Zielgebiet Ex-Jugoslawien wenig beitragen. In Den Haag ist man immer noch mit dem Ausschreiben von Steckbriefen beschäftigt und lädt trotzige Gruppen dazu ein, die Gesuchten zu verstekken und der Justiz zu entziehen. Mit dieser Suche nach den politisch Schuldigen ist Europa noch lange nicht bei sich selbst angelangt. Ob die ehemalige jugoslawische Föderation eine Fessel oder ein tragfähiges Netz für ihre Mitglieder war, ist nicht mehr die Frage – die Frage ist, was sie ersetzen kann. Und Europa drückt sich noch lieber um die Antwort als anzuerkennen, daß es sich diesmal in der Tat um seine Sache, also um seine Verantwortung handeln könnte.

Bevor es sie eingelöst hat, kann die Lösung der innertürkischen Problematik nicht die Sache des politischen Europa sein. Um so weniger, wenn es glaubt – und das glaubt es ja gerne – daß diese Sache sich in der Hand der Türken selbst auf gutem Weg befindet. Dabei kann es sie unterstützen; dafür muß die Türkei nicht Vollmitglied der EU sein, so wenig wie die im Auf- oder gar Ausbruch befindlichen Staaten des GUS-Verbands, die durchaus in der Lage sind, den Grad ihrer Unabhängigkeit ebenso selbst zu bestimmen wie das ihnen zuträgliche Maß bürgerlicher Freiheiten.

Es gibt für die europäische Zurückhaltung bei diesen Prozessen starke pragmatische Gründe; es gibt aber auch gute ideelle. Sie haben mit dem Selbstverständnis Europas zu tun, das nichts Gegebenes sein mag – und sich doch gerade anhand seiner Konflikte mit sich selbst wieder auf einige seiner Grundlagen besinnen muß.

Denn: die Grenzen Europas sind nichts, was ihm äußerlich wäre. Sie haben – in der Tat – mit seiner zwar problematischen, aber doch sehr wohl prägenden Erfahrung mit sich selbst zu tun. Es gibt auf diesem Planeten vielleicht nur eine einzige Kulturgemeinschaft, die sich eine von Raum und Zeit nicht begrenzte Identität bewahrt hat – die Juden. Die Voraussetzung dafür war ihre wahrhaftig nicht immer freiwillige Abgrenzung von den sie wahrhaftig nie bedingungslos, wenn überhaupt mittragenden Rahmengesellschaften. Sie, die Juden, haben für diese Identität einen hohen Preis bezahlt. Er war nicht die Ausnahme, sondern die Regel – eine Regel, die sich mit der territorialen Befestigung in Raum und Zeit, dem Staat Israel, eher bekräftigt als widerlegt hat. Auch in dieser säkularisierten Form, die ihm von seiner eigenen Orthodoxie, auch der in Israel niedergelassenen, unbeugsam bestritten wird, bleibt er unter Ausschluß vieler Gesichtspunkte, die für weniger exponierte Völker gelten dürfen und müssen, mit der Verteidigung seiner Existenz beschäftigt – um jeden Preis, den er zahlt, um ihn nie mehr unter fremdem Diktat zahlen zu müssen.

Als der alte Goethe den Deutschen eine ähnliche Zerstreuung über die ganze Welt wünschte, muß er am besten gewußt haben, daß sie darin, *als* Deutsche, keine zwei Generationen lang Bestand haben würden. In Amerika oder Australien gehören sie, und auch noch mit Stolz, zu den Einwanderern, die ihr altes Selbstverständnis am willigsten und schnellsten zugunsten eines neuen preisgeben. Goethes Annahme, daß die Deutschen und die Welt dabei nur zu gewinnen hätten, war von einer befremdlichen Radikalität. Sie hat im Munde Thomas Manns, der sich ebenfalls zutraute, notfalls ganz allein zu vertreten, was er für deutsche

Kultur hielt, auch entschiedene Nichtnationalisten wie Bert Brecht mehr als befremdet.

Doch was für Deutsche gilt, das gilt diesmal für alle Europäer. Außerhalb der Grenzen von Raum und Zeit ist Europa nichts – oder je nach Beleuchtung: alles Mögliche und auch Beliebige. Jedenfalls wäre es ohne Grenzen, ohne Grenzerfahrung, also auch ohne das Bewußtsein seiner Grenzen, nicht, was es ist.

Die Europäer sind – auch wenn sich einige ihrer Nationalitäten immer wieder so gefühlt und so aufgeführt haben – eben nicht, wie die Juden, ein auserwähltes Volk; denn sie dienen nicht nur Einem Gott. Wenn etwas «europäisch» zu heißen verdient, und wenn es eine Errungenschaft gibt, in der sich Europäer – scheinbar paradox – einig geworden sind und in der sie sich auch politisch vereinigen können, dann ist es ihr politischer und kultureller Polytheismus. Es ist die Gewißheit, dem Einen Gott absagen, auf ihn als Identitätsgarantie verzichten zu müssen, um des Bestandes ihrer zivilen Kultur willen – durchaus nicht gewiß, ob sie auf dieser Grundlage auch bestehen kann.

Das Heil, das Europäer den Völkern in allen missionarischen Tonarten einmal verkündet haben und glaubten, mit allen Mitteln bringen zu müssen, hat ausgedient; sie selbst haben es disqualifiziert. Zu diesen Mitteln, diesen Zwangssakramenten, gehörten in der Frühzeit europäischer Expansion Kreuz und Schwert. Heute müssen Europäer wissen, daß sie durch dieses Schwert, als Zivilisation, nahezu umgekommen sind und daß das Kreuz, das sie den Völkern bringen wollten, am Ende aussah wie sie – auch da, wo es nicht zum Hakenkreuz verbogen war.

Daran sei gedacht, wenn ich meine, Grenzen seien nichts den Europäern Äußerliches und die Grenzerfahrung in eigener Sache sei ihre eigenste Mitgift, der wahre kulturelle Beitrag, den sie zur Verbesserung des Planeten leisten können. Dafür müßte er teuer genug erkauft sein. Aber er ist, in seinem Kern, alles andere als ein Defekt, und Europa wäre ein hoffnungsloser Fall, wenn es ihn nur als solchen begreifen müßte, um dafür Buße zu tun. Er ist vielmehr der Kern seiner Botschaft an sich selbst. «Erkenne dich selbst», so lautete bekanntlich die eine Inschrift über dem Orakel von Delphi, und die zweite lieferte gewissermaßen die Gebrauchsanweisung dazu: *meden agan* – «nie zu viel». Was das zentrale Heiligtum des griechischen Bundes von seinen Teilnehmern verlangte, war *das rechte Maß*. Und von allen Völkerschaften ihrer Zeit unterschieden sich die Griechen dadurch, daß dieses Maß nicht festgeschrieben war von einer Heiligen Schrift und ihren Verwaltern. Dieses Maß wollte gefunden werden, im Streit, und für die Beendigung des Streits. In Athen, dem Schrittmacher für eine Zivilisation des rechten Maßes, wollte es gefunden sein für die Vertretung des Demos in seinen Behörden, aber auch im Ausdruck der menschlichen Gestalt in einem Bildwerk und in der Proportion einer tragenden Säule. Auch für diejenigen des Parthenon stand dieses Maß nicht von vornherein fest. Der Architekt begabte die Statik mit einer bestimmten Unschärfe, einem Moment der Bewegung, nicht anders, als die Kreisform nicht ohne einen unberechenbaren Faktor namens Pi möglich ist.

Das rechte Maß – es sollte seit der Antike nicht nur Richtschnur für Kunst und Lebenskunst, sondern auch für Recht und Politik, für Sehen und Glauben, für Leben und Sterben werden. Dieses Maß aber verbindet und verträgt sich nicht mit endlos offenen Räumen, die sich auf das Selbstverständnis ihrer Eroberer und Bewohner übertragen. Es besteht auf genauer Artikulation, auf Finesse und Feingliedrigkeit. Schiere Größe bleibt vor diesem Maß barbarisch, bloßes Wachstum imponiert nicht, es wirkt lebensgefährlich, wie das Wuchern von Krebs.

Ich habe im vorigen Kapitel von der Teilung als einer europäischen Spezialität gesprochen; ich möchte heute ergänzen: Europa hat sich immer dann geteilt, wenn eine bestimmte Grenze erreicht war. Und was entscheidend ist: es hat sich in der Teilung nicht nur bewahrt, es ist sich, gewissermaßen um eine Befremdung reicher, dabei ein Stück näher gekommen. Hier war ein anonymer Identitätsbildner am Werk, der es auch dann nicht ganz verließ, wenn es sonst von allen guten Geistern verlassen war. Auf diese Weise konnte es sich aus der Welt, die es durch Teilung – *divide et impera!* – beherrscht hatte, auch zurückziehen, ohne verlorenzugehen. Auch im Verlust saß gewissermaßen seine eigene dialektische Korrektur. Und wo es alles zu verlieren glaubte – wie Deutschland nach 1945 –, war nichts verloren, wenn das europäische Maß walten durfte. Und die Beteiligten brauchten es nicht im vornherein zu kennen; es ergab sich aus der Art, wie man mit dem Verlust umging.

Mein Vertrauen auf Europa beruht darum nicht weniger auf der Robustheit dieses Maßes als auf seiner Delikatesse. Es steckt ein Geheimnis darin, das man nicht zu ergründen braucht, wenn nur das Bewußtsein nicht verlorengeht, das den Grund dafür immer wieder – und wäre es hinter unserem eigenen Rücken – bereiten kann. «Vindeclîche vlust», findiger oder erfinderischer Verlust, lautet eine mystische Formel des gotischen Mittelalters, und natürlich ist sie dem evangelischen: «Wer sein Leben verliert, wird es gewinnen» verwandt. Ein wunderbares Beispiel für diesen europäischen Prozeß ist mir kürzlich beim Wiederlesen einer Biographie Alexanders des Großen untergekommen, dem nur ein gutes Jahrzehnt gegeben war, sich diesen Zunamen zu verdienen und seine Welt gründlich zu verändern. Bei Licht betrachtet stand die pubertäre Prämisse, unter welcher er seinen Feldzug ins Grenzenlose eröffnete, in keinem Verhältnis zu dessen Folgen. Da will ein junger Mann wie kein anderer sein und wählt dafür das Muster eines andern namens Achilleus, den er nur aus seiner Lektüre kennt und der nichts weiter – und nichts Geringeres – ist als die Erfindung eines Dichters namens Homer. Dieser selbst ist ein Pseudonym für eine mythologische Größe, vielleicht ein Erzählerkollektiv, das den Griechen immerhin, nach einem Philosophenwort, ihre Götter gegeben, den Olymp erschaffen, die Welt so gedeutet hat, daß die Griechen sich darin wiederfanden. Sie fühlten sich aber nicht einfach zuhause in ihr – sie begegneten darin auch dem Verlust des Zuhause, dem Schmerz darum, der Not und dem Glück der Heimkehr: Nostos und Nostalgie sind seither Topoi einer europäischen Topographie, in der sich Europäer als solche wiedererkennen.

Um die damalige Welt auch faktisch zu hellenisieren, mußte der junge Phantast allerdings erst die Griechen besiegen, die in dem Bauernkönig durchaus keinen der ihren erkennen wollten, nachdem er neben seinen Brüdern wahrscheinlich auch seinen Vater Philipp aus dem Weg geräumt hatte, um seine Erbschaft anzutreten. Als griechischer Revanchist eröffnete er einen neuen Perserkrieg, landete in Kleinasien und holte in Troja, als Achilleus-Darsteller, dessen Schild ab. Offenbar war er nicht nur, trotz seiner kurzen Statur, ein Haudegen, der durch den Einsatz seines Lebens imponierte, sondern auch ein Feldherr, was ihm erlaubte, innerhalb weniger Jahre eine ungeheure Landmasse bis zum Indus zu überziehen; was ihn aber nie hinderte, seine Bedeutung auch durch symbolische Handlungen zu befestigen. In Ägypten pilgerte er durch die Wüste ins Heiligtum des Amun, um sich selbst als dessen Verkörperung zu legitimieren; als Gott-König und Nachfolger des geschlagenen Großkönigs eignete er sich seine Tochter zu und verpflichtete seine Offiziere ebenfalls zur Verbindung mit Töchtern des eroberten Perserreichs. Am Ende – und kurz vor seinem eigenen Tod – zwang er seinem Heer noch einen Todesmarsch durch die belutschische Wüste ab, dessen Sinn die Historiker bis heute nicht zu enträtseln vermögen.

Eine Biographie von phantastischer Hybris und dramatischer Kürze, der man alles andere zutrauen würde als kulturelle Nachhaltigkeit. Und eben diese hatte sie, und sie zeigte sich erst recht, nachdem der wahn-witzige Gründer verschwunden war. Zwar wurde sein Reich zerrissen und geteilt, aber es verflog darum nicht in alle Winde. Als kulturell prägende Größe *blieb* es und machte Epoche, «Hellenismus» genannt, ohne welche die weitere Geschichte nicht zu denken ist. Nicht einmal die Entstehung des Christentums, dessen Frohe Botschaft uns in der Sprache Alexanders und seiner Soldaten überliefert wurde. Nicht Alexander, Alexandria, die in seinem Namen gegründeten Städte, begründeten sein wahres Nachleben, das es freilich ohne seine mythomanische Existenz nicht gegeben hätte. Ohne seine Ausstrahlung wären uns nicht einmal die Texte überliefert, nach denen er sie inszeniert hatte.

Es mag kühn sein, Alexander einen europäischen Gründer zu nennen – und doch berechtigen uns seine Folgen dazu. Es war die erste reale Eroberung der Welt mit allen europäischen Vorzeichen, Teilung, Untergang, Metamorphose inbegriffen. Welcher Unterschied zu den Folgen der wenigen Eroberungen vergleichbaren Umfangs, etwa Dschingis Khans, oder Kublai Khans, die sich – in ihrer Auswirkung auf die Weltkultur – bescheiden ausnehmen. Alexander war wahrlich keiner, der Maß hielt – und doch stellte es sich, dank und trotz ihm, in seiner geschichtlichen Nachfolge wieder her, und er hatte in seiner Maßlosigkeit die Voraussetzungen dafür geschaffen.

Eine ähnliche Wirksamkeit einer einzigen Person ist nach Alexander nur noch zweimal am Werk gewesen – in Napoleon, dem Goethe das Attribut «dämonisch» zuschrieb, das er für das Inkalkulable reservierte, in vollem Bewußtsein, was es bei einem ganz andern Gründer Europas, Sokrates, bedeutet hatte: wenn man so will, das pure Gegenteil. Denn das Daimonion des Sokrates sagte ihm nie, was er tun, aber zuverlässig, was er *nicht* tun solle. Es war der Geist des Maßes, der, in den zwei Sätzen des delphischen Orakels, zu ihm gesprochen hatte: Erkenne dich selbst, und: nicht zuviel.

Und wenn ich die andere dämonische Erscheinung des Inkalkulablen nenne – mit dem gebührenden Widerwillen –, dann sehen wir noch deutlicher, wovor die zwei Sätze gewarnt haben: Hitler, den man als personifizierten Ungeist Europas betrachten muß. Dennoch gehört er zu seinen Schlüsselfiguren, denn er hat ihm das Tor zur Hölle geöffnet und die Schwelle vorgeführt, welche die Zivilisation nie mehr überschreiten darf. Zynische Logik muß ihn unter die Gründerfiguren der europäischen Einigung rechnen, denn sie war und bleibt die einzige ihr verbliebene Antwort auf ihn, der nur scheinbar nicht seinesgleichen hatte. Leider hatte er sie, und sie sahen aus wie gebildete Menschen, aber auch wie der Mann von der Straße. Und sie haben uns inzwischen etwas hoffentlich Unvergeßliches gelehrt: nämlich daß wir jederzeit und immer wieder so aussehen, nein: so sein können, daß wir von einem Hitler zu brauchen sind.

Hier sind wir an eine definitive Grenze Europas gestoßen; hier steht eine Warnung für immer. Aber zu beherzigen ist sie nur, wenn man weiß und glauben darf, daß es für Grenzbewußtsein auch respektable, ja ehrwürdige Gründe in der europäischen Geschichte gibt – in der Begründung Europas, in seiner kulturellen Konstitution. Es sind Gründe ebenso der Lebensklugheit wie der politischen Weisheit, und sie lassen sich kaum als abstrakte Maximen, nur – und das ist wohl europäisch – als individuelle, eben darum für eine Kultur des Individuellen maß-gebende Errungenschaften fassen.

Kürzlich diskutierte ich in Berlin mit Günter Grass über sein zeichnerisches Werk, das zusammen mit dem von Goethe ausgestellt wurde. Es ging um die Repräsentation von Landschaft, und sie war als Kontrastprogramm inszeniert: dort die Idyllen, die Wunschbilder eines mit Sorgfalt und Liebe repräsentierten Arkadien, Landschaften nach Maß, das zugleich das Maß einer europäischen Utopie war: also auch: ein schöner Traum. Hier das gezeichnete Erwachen aus diesem Traum: die Müllandschaften Kalkuttas, die Abraumwüsten des Tagebaus in der Lausitz, die Sterbeszenen des deutschen Waldes unter dem Titel «Totes Holz». Nicht von ungefähr fügte es sich auf einem der Bilder zu einer Erinnerung an Golgatha zusammen.

Zweimal die Grenzen Europas: für den Zeichner des 18. Jahrhunderts schützten sie sein Bild des guten Lebens; der Zeichner des 20. Jahrhunderts zeigte ihre Überschreitung: ein Bild des Grauens. Doch so einfach war es nicht.

Denn ich erinnerte mich an das Motto von Goethes italienischer Reise: «Auch ich in Arcadien!» Was sich wie ein persönlicher Jubelschrei anhört, hat ein barockes Motto zum Hintergrund: *Et in Arcadia ego.* Auch in Arkadien bin ich. Der Sprecher ist der Tod, und selbstverständlich zitiert ihn Goethe mit: Er ist sein stummer Begleiter auch in Italien, das für ihn zum Gelobten Land der Grenze wird. Die Kunst, die er sucht und findet, ist Umgangsform mit Grenze; der Römische Corso verwandelt sich durch das einfache Mittel, ihn auf zwei Seiten zu sperren, aus einem bloßen Durchgang in einen Schauplatz tollen Lebens.

«Und so durchaus», möchte man ihn selbst zitieren: das Leben hat nicht nur Grenzen, es *ist* Grenze, und in Italien erfährt er auch seine eigene: als Künstler zuerst. Das war der Preis, um den er Kunst neu verstand. Aber er verstand sich jetzt auch als Mensch, der in und mit seinen Grenzen leben lernte, nicht, wie als junger Mann, gegen sie. Nicht mehr Prometheus war der Patron dieser Epoche: Terminus, der die Grenze zugleich bezeichnet und hütet, hieß der römische Gott, dem er zuhause in Weimar ein Denkmal gesetzt haben wollte. Und in dem Werk, das er selbst als sein

Hauptwerk bezeichnete – in der «Farbenlehre» –, wird die Grenze zwischen Licht und Schatten zum Ort, wo sich das Spiel der Farben entfaltet, der Regenbogen der Versöhnung aufgeht – auch mit der eigenen Natur.

Das ist für mich auch der Ort der europäischen Kultur. Sie ist ein Phänomen, das an der Grenze entsteht – und zugleich, ohne diese Grenze überschreiten zu müssen, die Abgrenzung verweigert. Daher noch einmal eine kurze abschließende Betrachtung des Zauberworts Identität.

Auf jeder Stufe des Lebens – schon auf derjenigen der Zelle – hat es zweierlei nötig: Stoffwechsel und Abgrenzung. Weder das eine noch das andere allein genügt für ihre Selbsterhaltung, und damit beides stattfinde, mußte der Natur ein genialer Kompromiß einfallen, die durchlässige Grenze, die Membran. Für ihre Reproduktion muß sich die Zelle auch noch teilen können; und wäre es dabei bei der schlichten Selbstkopie geblieben, so hätte eine Evolution niemals auch nur anfangen können. Dazu war ein – Mutation genannter – Druckfehler nötig, der sich in der erdrückenden Mehrzahl der Fälle als Unglücksfall erweisen mag. In ganz wenigen, aber entscheidenden, wird der veränderte Text zum Ausgangspunkt einer neuen Entwicklung – und damit von Entwicklung überhaupt.

Woraus man erkennt: in keiner Form des Lebens ist es mit der sogenannten Identität getan, wenn man darunter – wie üblich – etwas Statisches, das Festhalten am Bekannten, versteht. Ohne Grenzen diffundiert das Leben ins Beliebige – globalisierte Konsumgewohnheiten bieten den entsprechenden Anschauungsunterricht. Mit starren Grenzen schneidet es sich vom allgemeinen Stoffwechsel ab und erstickt gewissermaßen an sich selbst. Und bemerkenswerterweise hat die sogenannte entwickelte Zivilisation in ihren narzißtischen Existenzformen auch dafür plastischere Beispiele zu bieten als traditionsbestimmte Gesellschaften. Diese kennen selbst in ihrer ursprünglichsten Form mindestens zwei Ausnahmen von der totalen Autarkie: die Exogamie – gewissermaßen ein soziales Inzestverbot – und die Gastfreundschaft. Beide Öffnungen sind auf ihre Weise für den unentbehrlichsten Stoffwechsel des geschlossenen Systems besorgt.

Europa und seine Grenzen: das ist, im Kern, keine geographische, schon eher eine demographische Frage – um ein durchaus schönfärberisches Wort für einen recht massiven Befund zu verwenden. Wie viel Xenophobie kann sich das geburtenschwache Europa angesichts der immer noch explodierenden Weltbevölkerung leisten? Wie will es seine privilegierte Lage gegen seine eigenen Ansprüche verteidigen – etwa demjenigen nach einem tragfähigen sozialen Netz? Wer bezahlt dafür, und in welcher Form? Die nackte Angst vor Überschwemmung durch die andern ist jedenfalls kein guter Ratgeber. Aber alle Alternativen machen einen neuen Umgang mit unseren Grenzen notwendig, und keine ist ohne Tücken – faktische, kulturelle, moralische. Eine auf Privilegien reduzierte Kultur verdient diesen Namen nicht: eine rationierte Zivilisation wäre ein Widerspruch in sich selbst. Eine globalisierte aber tendiert zu einem gemeinsamen Nenner, auf dem Europa nicht nur unbeträchtlich würde; er wäre auch für das, was wir europäisch nennen und an diesem empfindlichen Erdteil lieben, viele Nummern zu klein.

Lassen Sie mich im nächsten Kapitel ausführen, wie ich mir den Aufbau eines global nicht nur lebensstarken, sondern auch gesellschaftsfähigen Europa denken möchte. Vorerst wäre es mir genug, wenn ich einerseits nicht nur etwas von der europäischen Grenzangst hätte entkräften können, anderseits die berechtigte Sorge vor Entgrenzung und Grenzenlosigkeit vertieft hätte – bis auf die Ebene, wo Anlaß zur Zuversicht besteht. Europäer sein ist schwer, aber so leicht, wie wir oft fürchten, wird Europa die kulturelle Persönlichkeit nicht abhanden kommen. Sie hat nicht nur Jahrhunderte des Bürgerkriegs überdauert, sondern sie hat gezeigt, daß sie am letzten – einer Katastrophe der Zivilisation – nur wachsen kann. Und vielleicht könnten wir ohne diese Katastrophe von einem Menschheitsprojekt, das sich darauf eine Antwort schuldig war und bleibt, nicht einmal reden.

4. *Europa: Das Fest, der Tod und die Andern*

In diesem letzten Kapitel möchte ich mich auf die Suche nach Europas bindender Kraft machen, nach der Essenz dessen, was es im Innersten zusammenhält. Der feingliedrige Erdteil mit der blutigen Geschichte: er hat die Welt geteilt, um sie zu beherrschen, und sich selbst dabei fast ganz zerrissen. Nach der Logik der Geschichte hätte er ganz gut aus ihr ausscheiden und, wie Athen nach dem Peloponnesischen Krieg, in die Unerheblichkeit absinken können. Nach 1945, in den ersten Jahren des Kalten Kriegs, sah es ganz danach aus. Für sich genommen, waren die ehemaligen europäischen Großmächte Größen zweiten oder gar dritten Ranges geworden, abhängig von neuen Zentren einer bipolaren Weltordnung, die außerhalb Europas lagen und es in der Mitte geteilt hatten. Merkwürdigerweise sollte es aber gerade diese Teilung sein, durch die Europa wieder zu Kräften kam, auch wenn überhaupt nicht abzusehen, nicht einmal vorstellbar war, daß es sie je wieder vereinigt zur Geltung bringen würde.

«Wieder»? Aber eine solche Einheit war Europa, politisch jedenfalls, noch nie gewesen; es bedurfte einer traumatischen und auch paradoxen Entwicklung, daß es zum ersten Mal in seiner Geschichte dazu wurde. Und ob diese Vereinigung haltbar, tragfähig sei, erprobt es jetzt zum erstenmal und betritt damit, ohne seine Stelle zu verlassen, ganz und gar Neuland. Denn mit einer extensiven Besetzung, wie im amerikanischen Westen oder im sibirischen Osten, ist es hier nicht getan. Europa muß das Feld, das so lange ein Schlachtfeld, eine Kampfzone war, *intensiv* besetzen, nämlich mit sich selbst, aber einem europäischen Selbst, das zugleich an das historische Europa anknüpfen und eine Alternative dazu bilden soll.

Ein Erdteil, der sich selbst lesen lernt und sich durch diese Lektüre zugleich neu konstituiert: das, in der Tat, hat es noch nie gegeben. Europa wird keine Super-Nation wie die Vereinigten Staaten und darf keine werden. Wo aber nimmt es das auch für ein Bündnis der Vernunft unentbehrliche Wir-Gefühl her – eines, mit dem sich auch weiterhin national definierte Identitäten zugunsten einer in ihren Grenzen nicht einmal festgelegten Sammel-Identität überschreiten und sogar ablösen lassen? Die Frage ist heute, ob es für eine solche Supra-Nation nicht nur in einer global vernetzten Welt, sondern im Kopf und Gefühl der Europäer überhaupt Raum gibt. Ist Europa nicht zu groß und zu klein dafür: zu groß für das Bedürfnis – und die gefühlsmäßige Möglichkeit – der Identifikation; zu klein, wenn es die Zivilisation im ganzen besser zu ordnen gilt? Ist Europa, als Bündnis privilegierter Länder, nicht ein nur mit der Verteidigung dieser Privilegien zu begründendes Konzept – oder eben ein überholtes, anachronistisches? In beiden Fällen also eines, gegen das sich gerade das beste europäische Denken verwahren müßte, weil es nicht zivilisationsmächtig, nur noch mächtig sein will?

Es gibt etwas Lustloses an diesem Europa-Diskurs, das in einem eklatanten Mißverhältnis zur atemberaubenden Entwicklung der Europäischen Union, zu ihren Perspektiven und Potentialen steht. In Europa, scheint es, eilen die Tatsachen ihrer Wahrnehmung, erst recht ihrer Verarbeitung, weit voraus. Hat die Unaufmerksamkeit in eigener Sache mit der weltweit feststellbaren Privatisierung öffentlich gewesenen Raums zu tun? Vor wenigen Jahren wurde dieser noch mit Warnzeichen begegnet: Achtung, Entpolitisierung! Heute aber löst die Entwicklung kaum noch Abwehrreflexe aus. Resignation, schon Kapitulation vor der ökonomischen Logik? Ist sie diskussionslos zum Sachzwang geworden, unangreifbar wie einst die kirchliche Dogmatik? Oder müssen wir eine kollektive Depression annehmen? Aber das Amüsierbedürfnis ist von ungebrochener Findigkeit. Sind es die Eurokraten selbst, die uns den Appetit auf ihr Geschäft verdorben haben, oder machen sie es so gut, daß es, als *business as usual*, kaum noch interessiert?

Wo bleibt die Vision, wo rauschen die Flügel alternativer Vorstellungskraft? Diese bewegt sich, wenn überhaupt, in globalisierten Dimensionen oder in lokalen; an Europa, der Zwischengröße, macht sie sich ungern fest. Man würdigt es vielleicht als Gegengewicht; aber worin besteht sein eigenes Gewicht? Im bunten Gefieder seiner Problematik wirkt der Vogel Europa imposant. Aber wenn man ihn rupft: wieviel Substantielles, gar Nahrhaftes bleibt von ihm übrig? Seit 1989 wollten alle nach Europa; und jetzt, nachdem zehn neue Staaten dabei sind, herrscht die prickelnde Atmosphäre einer zentralen Buchhaltung; man hört fast nur das Gemurmel von Zahlen. Ein Wirtschaftsgroßraum – das war's dann schon, und durfte es früher nicht etwas mehr sein?

Wo liegen die Grenzen eines neuen, zugleich de- und rekonstruierten Europa? Das war die Frage des zweiten Kapitels – in dem ich auch um eine topographische Antwort gerne herumgekommen wäre. Das Europa der gebremsten Teilung und des wohlgetroffenen Maßes: wie könnte es aussehen? Mit welcher Kraft schafft es so viel Kohäsion, um nicht in alle Winde zu verfliegen, und gewährleistet so viel Offenheit, um nicht zur Festung zu erstarren? Wie fassen wir die Quelle des europäischen Wir-Gefühls, das weder ganz fehlen noch rücksichtslos überhandnehmen darf? Daß es nicht zu entbehren ist, auch wenn wir nicht, wie die Amerikaner, dazu die Hand aufs Herz legen – das bestätigt auch ein Jürgen Habermas, wenn er in seinem Plädoyer für «Kerneuropa» – ein Wort nicht ohne emphatischen Doppelsinn – Bausteine bezeichnet, die ein solches Wir-Gefühl begründen könnten: vom Prinzip Säkularisation – der Trennung von Staat und Religion – bis zur Anerkennung der Sozialpflichtigkeit des Kapitals. Sehen wir einmal davon ab, daß sich – Beispiel: Amerika – mit der Trennung von Kirche und Staat auch ganz anders Staat machen läßt, als Habermas sich für Europa wünschte, und daß ihre Verbindung, wie in Polen oder – pardon – Bayern nicht uneuropäisch sein muß; vergessen wir sogar, daß sich der Sozialstaat in Europa, wie überall, in einem atemraubenden Sturzflug befindet. Dann bleibt immer noch die Frage, ob die Vernunft, gar die gläubige, die opferbereite Vernunft, in den Seelen der Europäer eine tragfähige, eine überhaupt existente Trägerschaft der europäischen Union hergibt. Ein Europa-Gefühl, das gar nicht anders als «gemischt» sein kann und darf: wie soll es zugleich zur Herzenssache werden?

Da ist denn wohl zuerst so etwas wie Schonungslosigkeit in der Betrachtung der Tatsachen angezeigt: Dieses Wir-Gefühl, jedenfalls in einer breiten, medial nutzbaren Form ist nicht in Sicht; und als sein unfreiwilliger Spender wird die Bush-Administration nicht ewig vorhalten – glücklicherweise. Eine Wiederkehr der wilhelminischen Furcht vor der «gelben Gefahr» kann sich Europa noch weniger wünschen. Mächtiger wird ohnehin die *Anziehungskraft* des chinesischen Marktes sein. Die gemeinsame Angst vor Rußland mag, besonders bei den osteuropäischen Ländern, noch nicht ausgedient haben; für die europäische Gemeinschaft könnte sich dieser fragwürdige Kitt aber eher als Sprengstoff erweisen. Von der Angst, jeglicher Angst, eingeschlossen derjenigen vor dem Terrorismus, dürfen wir uns für Europa nichts erhoffen. Der Belagerungszustand mag zwar etwas wie Wir-Gefühl produzieren, aber es wendet sich, als Mißtrauen und Verfolgungswahn, zuverlässig zuerst gegen diejenigen selbst, die sich damit zu sichern glauben. Sicherheit, auch für Europa, wird auf diesem Planeten lange nicht mehr, vielleicht gar nie mehr zu haben sein, solange der Kern der Bedrohung in den Zivilisationsmechanismen selbst zu suchen ist.

Der Markt verkörpert die Unsicherheit per se, er erhebt sie sogar zur Methode derer, die von ihm profitieren sollen. Ihre Maxime ist die Rücksichtslosigkeit bei der scheinbaren Befriedigung scheinbarer oder auch wirklicher Bedürfnisse. Die Knappheit bestimmter lebenswichtiger Güter, die gestern noch als freie Geschenke der Natur galten, zum Beispiel Wasser, könnte bald die gleiche Begehrlichkeit wekken wie Gold, Öl oder Uran. Es gehört keine makabre Phantasie mehr dazu, auch die Atemluft für ein solches unvermehrbares Gut zu halten, das sich immer weniger Leute, etwa in bevorzugter Wohnlage, noch leisten können. Andere zahlen lieber einen selbstmörderischen Preis für ihre Entwicklung – aus begründeter Angst, sonst gehe diese an ihnen vorbei oder über sie hinweg.

Wer die Macht hat, wird uns bald, ausgesprochen oder nicht, auch die kategorischen Imperative dazu liefern. Wir haben uns schon daran gewöhnt, eine gewisse Ausfallquote der Menschheit als Sachzwang hinzunehmen. Das gilt bereits für die Schwachen der eigenen Gesellschaft; es gilt erst recht für Gesellschaften, die zwar nicht mehr in Flugstunden, aber für unsere Aufmerksamkeit so weit weg liegen wie Afrika. Die Menschheit sitzt in der Fortschrittsfalle, die im 19. Jahrhundert noch aussah wie ein nach allen Seiten offener Horizont.

Ist Europa also, in einer Welt globalisierter Ungleichgewichte, nur noch eine rhetorische Größe, eine geographische Fiktion, so wie es einmal eine Kopfgeburt der Humanisten war? Aber zugleich existiert Europa ja zum erstenmal in seiner Geschichte auch so real wie nur möglich. Es besitzt jene Sorte Wirklichkeit, die Pragmatikern unmittelbar einzuleuchten pflegt: eine gemeinsame Währung, also den «ultimativen» Beweis seiner Existenz. Das Problem ist nur, daß zwischen dem Tageskurs des Euro und dem U-Topos Europa eine riesige Bedeutungslücke klafft. Soll man sie gleich «gähnend» nennen, da sie nur von wenigen lustlosen Wählern Europas besiedelt ist? Am 16. Juni 2004 fand im öffentlich-rechtlichen Fernsehen Deutschlands erst ausführlich die Wahl im Bundesland Thüringen, dann viel europäischer Fußball statt. Erst gegen Mitternacht war von der gleichzeitigen Wahl ins Europäische Parlament die Rede – doch auch nur von der deutschen Beteiligung daran. Sie war fast so dürftig wie zuvor diejenige der neuen EU-Länder im Osten und Südosten des Kontinents und wurde nur unter innenpolitischen Gesichtspunkten wahrgenommen. So provinziell geht es im vereinigten Europa zu, so wenig begeistert wählt es sich selbst.

Europa: Forderung oder Überforderung? Europa, dem Ideal, und Europa, dem Wirtschaftsunternehmen, ist immerhin eines gemeinsam: beides sind Artefakte. An dem «kleinen Vorgebirge Asiens» (Paul Valéry) ist nichts naturgeschaffen, alles muß «gemacht» werden. Doch wer die Lücke zwischen dem «Traum von Europa» und der Brüsseler Praxis mit der Verpflichtung zu einer Gedächtnis- und Erinnerungsgemeinschaft stopfen möchte, begegnet dem begreiflichen Unverständnis der Jüngeren und scheint desto sicherer ins Leere zu laufen, je weiter zwei Schlüsseldaten der europäischen Geschichte ihre prägende Kraft verlieren: 1945 und 1989. Dem von Brüssel ausgehenden Normierungsbedarf der Union steht ökonomisch ein neues Wildost des ungeregelten Nachholbedarfs, kulturell aber auch eine eigen-sinnig und nicht ohne Trotz verteidigte Vielfalt entgegen, in der grundverschiedene Orientierungen stecken. Bis in die Fundamente gegenseitiger Wahrnehmung hinab bleibt strittig, worin denn der europäische Konsens bestehe.

Wo soll unter diesen Umständen das europäische «Wir-Gefühl» herkommen, und wie hätten wir's denn gern: nicht mehr blutig zwar, aber auch nicht ganz blutleer? Oder sollte es auch ohne gehen? Die EU als babylonischer Turm, in dem zwar der Euro gänzlicher Sprachverwirrung vorbeugt, der aber von einer Konzernzentrale immer weniger zu unterscheiden ist?

Im Jahr 2004 fand sich im Hamburger Literaturhaus an einem Schriftsteller-Treffen unter dem Titel «Europa schreibt» kaum ein Teilnehmer, der die Organisation Europas nicht mit fast schon bekenntnishaftem Vorbehalt betrachtet hätte. Ich gehörte zu den wenigen anderen – und gestehe, daß ich meinen Trost weit herholen mußte, aus den Schächten einer Bildung, die *nicht* mehr vorauszusetzen lange als Reform des Schulwesens galt. In der Leere, die sich nun im alten Herzstück europäischen Selbstverständnisses ausbreitet, ist nicht mehr gut Zeichen setzen.

Trotzdem: einige lassen sich immer noch lesen. Denn daß Europäer immer am besten wissen, was sie *nicht* wollen, gehört zu einer offenbar konstitutionellen Erbschaft. Das fängt bei Sokrates und seiner Ironie an, dem sein «Daimonion» nur einflüsterte, was er *nicht* tun solle, und endet nicht mit Adornos «negativer Dialektik». Dazwischen liegen die Gipfel europäischer Aufklärung, von Erasmus über Voltaire und Lessing bis zu Karl Marx: Kritiker von erstem Rang, waren sie als Propheten zuverlässig falsch. Auch für die Kunst, die europäische jedenfalls, gilt gleichermaßen, daß das sogenannte Positive ohne Zweideutigkeit nicht zu haben ist. Musils «Mann ohne Eigenschaften» führt exemplarisch vor, daß sich ein Völkerbündnis, damals die Donaumonarchie, ohne Ironie nicht feiern läßt.

Warum sollte es sich mit der EU ganz anders verhalten? Man kann sie für das Beste halten, was dem Schlachtfeld Europas passieren konnte – *und* gänzlich außerstande sein, sich damit zu identifizieren, wenn das heißt: sich eine europäische Identität zu verschreiben.

Nun, auch die *nationale* Identität ist nirgends vom Himmel gefallen, am wenigsten in Deutschland, dessen Klassiker vor zweihundert Jahren dichteten: «Zur Nation euch zu bilden, ihr hofft es, Deutsche, vergebens / Bildet dafür, ihr könnt's, freier zu Menschen euch aus». Und vollendet ist die nationale Identität nicht einmal in der *Grande Nation*, die seit Jahren eine Politik der gemäßigten Regionalisierung betreibt, um der notorischen Pariser Dominanz die Spitze zu brechen. Auch das Wir-Gefühl der Nation war eine Spätblüte der Geschichte. Und doch: auch wenn die Vergötzung der Nation nicht gelingen durfte – ihre Überwindung *wird* nicht gelingen. Ob die Nationalität aber in der Europäischen Union das rechte Maß zwischen Irrelevanz und Hypertrophie findet, wird über die politische Chance unseres Erdteils entscheiden.

Zum Glück hat der Mensch schon als Individuum keine scharfen Ränder. Identität ist eine plastische Größe. Jeder von uns lebt mit mehreren Hüten und kann seine Loyalität verteilen, ohne sie oder sich verraten zu müssen. Kollektive reagieren zwar massiver, auch einfältiger – dennoch vermögen auch sie sich auf mehreren Niveaus mit ihrem Gemeinwesen zu arrangieren und seine kulturelle Vielfalt als Reichtum zu buchen. In meinem Land, der Schweiz, fühlt sich die Mehrheit immer noch als Bürger ihres Kantons, in zweiter Linie sind wir Bürger einer Gemeinde, und erst in dritter Linie kommt der Bundesstaat, die *Confoederatio Helvetica*: im strengen Sinn keine Nation, und doch mehr als die Summe seiner Teile.

Allmählich werde ich offenbar zum Schweizer, der Farbe bekennt und sich fragen muß, was er in diesem europäischen Diskurs zu suchen, was er dazu beizutragen hat. Ehrlich gesagt: ich habe mich gelegentlich im Verdacht, einer Bevölkerung von 450 Millionen Menschen ein Bedürfnis zu unterschieben – oder gar abzuverlangen –, was nur als persönliches Kompensationsgeschäft eines Schweizers einigermaßen plausibel, und dann keineswegs repräsentativ, zu begründen ist. Die kulturgeschichtlichen, kulturpsychologischen, kulturethischen Konstrukte, die Sie sich hier von mir gefallen ließen, dürfte die Mehrheit der Normalbürger, die andere Sorgen haben – auch der Normalbürger der EU –, für Hirngespinste halten, mit denen sich vielleicht Vorlesungen halten, aber kein Staat machen läßt – auch kein europäisches Staatswesen.

Da bleibt jetzt nur das Geständnis übrig: ja, ich *wünsche* dieses Staatswesen, ich *will* diesen europäischen Staat – und ich will ihn *als* Polis, als Domäne der Politik, nicht der Wirtschaft, die dasselbe Territorium, und auch die Köpfe darin, längst und sogar fast ausschließlich besetzt hat. Natürlich glaube ich nicht an eine europäische Wirtschaft; über eine solche hätte die Globalisierung längst das Abschiedswort gesprochen. Ich glaube aber, was schon eher überraschen mag, auch nicht an eine europäische Kultur und habe meine Zweifel an ihren Surrogaten, sogar an der «Kulturhauptstadt Europas», hinter der weniger ein kulturelles Interesse als eine bestimmte Rechnung zu stehen pflegt. Das ist nicht unehrenhaft, nur: mit *europäischem* Interesse hat es per se wenig zu tun. Dieses beruht für mich auf dem Vorrang der Res publica als öffentlicher Sache, als Gemeinwesen, als eigentlichem Entscheidungsträger und bevollmächtigtem Schiedsrichter über andere legitime Bedürfnisse der Bürger.

Das Gemeine Wesen, das ich meine, sind keine europäischen Funktionäre: *wir* sind es, in unserer persönlichen Verschiedenheit, sozialen, menschlichen und kulturellen Vielfalt. Dieses Gemeinwesen ist also nie weiter weg als mein ureigenes Interesse, aber es besteht nicht nur auf diesem: darum muß es im Diskurs verhandelt, muß der gemeinsame Wille – der gerade in Europa nicht einfach derjenige der Mehrheit sein darf – ausgehandelt werden. Eine *politische* Kultur wäre eine entscheidungsfähige, ihre Entscheidungen verantwortende Kultur, die sich nicht sagen läßt, sondern zu wägen weiß, worum es in ihrer Gesellschaft geht, in erster, zweiter und dritter Linie. Es wäre eine Gesellschaft, die die Ressourcen für ihre Aktivität kennen will, und sich weder einreden läßt, sie habe mehr davon, als sie hat, noch auch, sie habe und könne weniger. Beides will sie selbst prüfen und über den Gebrauch des vorhandenen Spielraums – oder die Verteilung des vorhandenen Mangels – selbst entscheiden; auch über die Opfer, die sie infolge einer Entscheidung zu bringen bereit sein muß. Redet ihr einer nach dem Mund, so ist sie nicht bereit, sich das unter allen Umständen gefallen zu lassen.

Wo gibt es eine solche politische Kultur? Natürlich nirgends. Aber sehr wohl gibt es Gesellschaften, die zu ihr mehr oder weniger unterwegs gewesen sind, so daß wir diese politische Kultur für denkbar halten dürfen. So war es in der athenischen Polis zu ihrer besten Zeit – mit beschränktem Zutritt und gesellschaftlichen Nebenkosten, die eine heutige Zivilgesellschaft nicht mehr in Kauf nehmen dürfte. So war es – roher, aber mit besserer Vertretung sozialer Unterschichten – in den starken Zeiten der römischen Republik. Um zwei Modelle zu nennen, die historisch Karriere gemacht haben. Unterwegs zu dieser politischen Kultur waren die italienischen Stadtkommunen des Spätmittelalters, an denen sich Kaiser, Reich und Papst die Zähne ausbissen, weil der Gemeinsinn ganz andere zivilisatorische Energien freimachen kann als die feudale Bindung, von der bezahlten ganz zu schweigen. Unterwegs zum Gemeinsinn waren die Gründungsväter der amerikanischen Republik, deren Gemeinwesen vom kolonialistischen England nicht mehr zu unterwerfen war. Ohne den opferfähigen Gemeinsinn, die *Volonté générale* im Rücken und Herzen der französischen *Levée en masse* wäre das revolutionäre

Frankreich gegen die vereinigte Macht der europäischen Fürsten nicht zu halten gewesen – und hätte diese nicht ihrerseits zum Rückzug aus der Geschichte gezwungen. Ohne ein rares, darum kostbares Minimum an genossenschaftlichem Sinn hätte das Land, dessen Bürger ich bin, nicht über 700 Jahre durchgehalten, sondern wäre, wie so manch vergleichbares spätmittelalterliches Bündnis, und ein heterogeneres hat es schwerlich gegeben, von der Geschichte kassiert worden; Gelegenheiten dazu gab es viele. Nun ist es eben diese zur Gewohnheit gewordene Errungenschaft des Gemeingeistes der Verschiedenen, welche die Schweiz vom politischen Europa fernhält – aus Eigennutz, gewiß, aber auch, weil sie fürchtet, sie einer weniger sensiblen, weniger bürgernahen Organisation opfern zu müssen. Und mit diesem Plädoyer lasse ich mich endgültig als paradoxer Patriot erkennbar werden. Es ist gerade das Land, das Europa heute eine Art von interessiertem, aber auch instinktivem Widerstand leistet, dem ich meine Grundbegriffe davon verdanke, was Europa sein könnte – weswegen ich den Trotz der Schweiz zugleich verstehe und als schweizerischer Europäer zu entkräften suche. Nicht, daß ich mein Land gestern oder heute für ein Muster des gesuchten Bürgersinns halte – oft im Gegenteil –, und doch hätte ich anders keinen Begriff davon, was er bedeutet, und was nicht.

Ja, davon ganz besonders: was er nicht zu bedeuten braucht, um möglich zu sein, um in der modernen Wirklichkeit zu funktionieren. Meine Antwort auf die Titelfrage «Was ist europäisch?» ist, nicht ohne Emphase, aber auch ohne Einbildung und vor allem ohne Illusionen, die Schweiz. Es geht ohne Illusionen. *Cela marche. Si può fare* – ich drücke mich, ohne polyglotten Ehrgeiz in drei meiner nicht vier, sondern mindestens 20 Landessprachen aus (Serbokroatisch und sogar Tamilisch wird natürlich in der Schweiz häufiger gesprochen als Rätoromanisch), weil die

Identität meines Bundesstaates nicht schlichter oder billiger zu haben ist. Auf Briefmarken, wo kein Raum bleibt, mehr als eine aufzuzählen, lautet sie nicht etwa «Schweiz» – das müßte man ja wieder übersetzen –, sondern Helvetia, oder, ausgeschrieben: Confoederatio Helvetica. Als Autokennzeichen: CH, ausgesprochen wie in dem selbst einem Kamelvermieter vor den Pyramiden geläufigen «Chchuchchichäschtli». Denn wenigstens die Gutturale hat das Schweizerdeutsche, das seinerseits «vielsprachig» ist, mit dem Hocharabischen gemeinsam, das alle Muslime lesen können – und nicht viele sprechen.

Latein wird, außer in einigen meist von Benediktinern geleiteten Nischen des Schulwesens, gar nicht mehr gesprochen. Und doch bleibt es Europas Vatersprache, von der eine ganze Familie europäischer Muttersprachen, vom Portugiesischen bis zum Rumänischen, abgeleitet ist. Alle waren sie einst vulgäre Dialekte des Latein, auch das Französische, das sich seine volkstümliche Herkunft nicht mehr anmerken läßt. Aber auch wenn nicht, wie einer meiner Professoren meinte, der Mensch beim Latein anfängt und Vergil nur noch für wenige «der Vater des Abendlandes» ist: sein Latein ist immer noch der Ursprung der meisten rechtlich geprägten Begriffe, in denen Europa von sich selbst redet und handelt. Und viele entstammen jenem Corpus iuris, das nicht in Rom, sondern im byzantinischen Ostrom, also Konstantinopel, geschöpft wurde. Selbst das Habeas Corpus, der früheste angelsächsische Beitrag zur Geschichte der Menschenrechte und der Bürgerfreiheit, hat einen lateinischen Namen.

Latein ist, wo es um die Res publica geht, alles andere als eine tote Sprache. Sie bietet also auch den kürzesten Namen, in dem ich nicht nur meine Republik zitieren, sondern zugleich von der Schweiz und Europa reden kann: Es ist die Sprache politischer Bildung. Natürlich waren auch die ersten Dokumente, mit denen die staufischen Kaiser den Ur-Schweizern ihre Freiheiten, lies: das Privilegium der Reichsunmittelbarkeit, garantierten, lateinisch verfaßt, auch der in den dreißiger Jahren zur Magna Charta der Eidgenossen erhobene, auf 1291 datierte Bundesbrief, in dem sie einander Schutz gegen die «Arglist der Zeit» und gegenseitigen Rechtsbeistand garantierten und sich gemeinsam die Einmischung «fremder Richter» verbaten.

Gesucht wird somit eine Sprache, die dem neuen Europa denselben Dienst leisten könnte, den das Latein dem alten geleistet hat, eine Sprache, die keiner sprechen muß und in der sich alle wiedererkennen; die Einheit symbolisiert, ohne eine Einheitssprache zu sein – und die trotzdem, oder eben darum, eine Sprache des Herzens ist. Bleiben wir einen Augenblick bei der Fiktion, daß wir von einer realen Sprache reden: Da bietet sich natürlich das Englische an, das aus Gründen, die ich nicht zu rekapitulieren brauche, in den letzten Jahrzehnten zur Leitsprache globaler Verständigung geworden ist. Denn es ist das Küchenlatein der «Wissensgesellschaft», die Sprache moderner Technologien, weltweiter Sozialtechniken und der sie tragenden Organisationen und ihrer Abkürzungen, die Sprache des Weltmarktes, von Hollywood, Pop und Life Style. Es ist, ihrem Ursprung nach, eine europäische, aus germanischen und romanischen Komponenten genial amalgamierte Sprache; sie hat uns – Gott sei Dank – wohlgemeinte Zumutungen wie Esperanto oder Volapük erspart, die bei weitem eurozentrischer waren.

Aber *gesprochen* wird das Englische inzwischen in so vielen indigenen Varianten, daß Queen's English sehr gut den Weg von Vergils Latein gehen könnte. Es wird auch in der EU eine unvermeidliche Sprache sein – aber da sie zugleich die Sprache eines Mitgliedstaates ist, wird sie als Europasprache anfechtbar bleiben, nicht nur von eifersüchtigen Franzosen, hoffentlich auch von selbstbewußten Finnen, Maltesern, Zyprioten – und sogar Deutschen. So wahr das

Deutsche in der Schweiz, und welch ein Glück, daß es nicht einmal ein «Schweizerdeutsch» gibt, nicht zu *der* eidgenössischen Landessprache werden dürfte, so wahr darf Englisch nicht zur europäischen Gemeinschaftssprache werden. Da wäre der umständliche Übersetzungsproporz in mehr als 25 Teilnehmersprachen noch das geringere Übel – wenn wir denn von einer *realen* Sprache redeten. Aber sie darf auch keine Metapher oder Metasprache sein, sondern herzhaft: Lassen Sie mich andeuten, wie sie klingen könnte.

Ein Kind, welchem man eine kleine Arche Noah geschenkt hat, angefüllt mit bunten Tierchen, Männlein und Weiblein, kann nicht vergnügter darüber sein, als sie über das liebe Europa sind mit den tausend guten Dingen darin, vom bemoosten alten Hecht auf dem Grunde seiner Seen bis zum wilden Vogel, der um seine Eisfirnen flattert. Ei! was wimmelt da für verschiedenes Volk im engen Raume, mannigfaltig in seiner Hantierung, in Sitten und Gebräuchen, in Tracht und Aussprache! Welche Schlauköpfe und welche Mondkälber laufen da nicht herum, welches Edelgewächs und welch' Unkraut blüht da lustig durcheinander, und alles ist gut und herrlich und ans Herz gewachsen, denn es ist in Europa!

Da kann doch etwas nicht stimmen. Tatsächlich: es ist ein Text aus den 60er Jahren des 19. Jahrhunderts, als von Europa natürlich noch nicht die Rede war, jedenfalls nicht in diesem Ton treuherziger Verbundenheit. Vielmehr spricht hier ein junger Mensch an einem eidgenössischen Schützenfest über sein Vaterland, die Schweiz. Es gilt eine Fahne, das bekannte «Fähnlein der Sieben Aufrechten», auf dem Altar des Vaterlandes zu weihen. Jetzt fehlt den alten Herren, die zu diesem edlen Zweck nach Aarau gezogen sind, nur noch die Rede dazu – diese aber fehlt ihnen fast so gründlich wie uns die Rede über Europa.

«In großer Not saßen sie, wie sie noch nie darin gesessen; alle Putsche, Conterrevolutionen und Reaktionen, die sie erlebt, waren ein Kinderspiel gegen diese Niederlage vor den Toren des Paradieses.»

Dabei waren sie um das politische Reden, ein Herzstück ihrer Kultur, sonst nie verlegen, und ihr Vaterland ist ihnen nicht nur ans Herz gewachsen, sie haben auch dafür gekämpft, zuerst mit sich selbst. Denn abgesehen von ihrem patriarchalischen Grundkonsens tun sie sich auf ihren grundverschiedenen Habitus viel zugute, und das politische Spektrum reicht vom kleinbürgerlichen Schneidermeister – mit einem Einschlag von Handwerkerkommunismus – bis zum reichen Fabrikanten. Die Novelle ist auch eine spröde Liebesgeschichte, und spielte sie im Verona Shakespeares, so wäre das Schicksal eines Paars aus so getrennten Häusern schon besiegelt. Aber wir sind in einer «Züricher Novelle» Gottfried Kellers, und da sind es kluge Frauen, die zuletzt lachen und dafür zu sorgen wissen, daß die ungleiche Verbindung die Zukunft auf ihrer Seite hat.

Und so will es auch Kellers politische Zuversicht. Denn jene Koalition linker und rechter Fortschrittsmänner war es gerade, die unter Parteinamen wie «radikal» oder «freisinnig» den Bundesstaat 1848 zum Sieg über den konservativen Föderalismus geführt hatte. Dieser Errungenschaft gehört das Herz des Autors um so mehr, als gleichgesinnte Versuche im übrigen Europa fehlgeschlagen sind. Er muß der gelungenen Bürgerrevolution in einem, im eigenen Land Haltbarkeit wünschen, ohne sich darüber zu täuschen, daß sie von innen nicht weniger als von außen gefährdet ist. Nicht nur die Reaktion der europäischen Mächte, auch der Ziel- und Klassenkonflikt im Herzen des Fortschritts selbst kann, bei Marx hieß es *muß*, die Bewegung wieder spalten, die in der Schweiz, und einstweilen *nur* in der Schweiz Staat gemacht hat. Darum drückt der Dichter das Siegel der Liebe auf den empfindlichen Punkt: Sie allein kann, nach seinem Wunsch, die Gegensätze innerhalb seiner Partei nicht entkräften, aber fruchtbar machen. Und so erhebt Keller eine Liebesgeschichte, lächelnd,

wie anders, zur Lebensversicherung seines politischen Vaterlandes.
Die Sprache der Hoffnungsträger handelt von der biblischen Arche Noah, dem paarweise geretteten Idyll des Lebens, die gerade nicht mehr auf dem Entweder-Oder der Väter und ihres eifersüchtigen Gottes, sondern auf dem kreatürlichen Sowohl-als-Auch grundverschiedener Lebensformen besteht. Ins Politische übersetzt, wäre es, nach der einheitlichen, ein-sinnigen Sprache des Fortschritts, diejenige der kulturellen Mehrsprachigkeit, der föderalistischen Vielfalt, und damit auch der Mehrdeutigkeit des eigenen – und jeden – politischen Glaubensbekenntnisses. Im «Fähnlein» zeigt sich Keller, der radikale Volksmann seiner jüngeren Jahre, zum erstenmal als Anhänger kantonalen Eigensinns und Liebhaber lokaler Selbstbestimmung, welcher er im Alter immer ausgeprägter werden sollte. Die heutige Staatslehre redet hier vom «Subsidiaritätsprinzip». Sie gehört auch zu den Maximen der neuen europäischen Verfassung. Die jeweils übergeordnete staatliche Stufe soll nur diejenigen Aufgaben an sich ziehen, die von der untergeordneten nicht besser erfüllt werden können. Aber das ist Technokratensprache. Auf Schweizerdeutsch müßte es heißen: der Mensch beginnt beim Zürcher, Appenzeller, Tessiner, und beim Waadtländer noch mehr. Denn dieser würde von der Schweiz auch heute noch nicht als von seinem Staat reden. Der bleibt die Waadt. Die Schweiz ist der Bund, *la confédération*.
In der Zürcher Novelle scheint aber auch schon eine Grenze auf, die nicht nur dem einzelnen Menschen gesetzt ist, die auch für das Leben des Gemeinwesens gelten soll. Und diesen Gedanken legt Keller gerade dem Typus des Unternehmers, Frymann, in den Mund.

«Wie es dem Manne geziemt, in kräftiger Lebensmitte zuweilen an den Tod zu denken, so mag er auch in beschaulicher Stunde das sichere Ende seines Vaterlandes ins Auge fassen, damit er die Gegenwart desselben um so inbrünstiger liebe (...) Ist die Aufgabe eines Volkes gelöst, so kommt es auf einige Tage längerer oder kürzerer Dauer nicht mehr an, neue Erscheinungen harren schon an der Pforte ihrer Zeit.»

Das ist – bei Keller – der tiefere Hintergrund der Sprachlosigkeit, welche die «Aufrechten» ausgerechnet an ihrem Ehrentag befällt. Schützenfeste waren damals immer noch Heerschauen republikanischer Gesinnung. Damit sie auch zu Festen politischer Versöhnung werden können, bietet der Dichter den stärksten Eideshelfer auf, damit er für, nicht gegen die Eidgenossenschaft zeuge: den Tod, und mit ihm die ganz eigene Würde der Vergänglichkeit.

«Ein Volk, welches weiß, daß es einst nicht mehr sein wird, nützt seine Tage um so lebendiger, lebt um so länger und hinterläßt ein rühmliches Gedächtnis; denn es wird sich keine Ruhe gönnen, bis es die Fähigkeiten, die in ihm liegen, ans Licht und zur Geltung gebracht hat, gleich einem ratlosen Manne, der sein Haus bestellt, ehe daß er dahin scheidet.»

Vor diesem mächtigsten aller Gründe vermag auch der moderne Leser diejenigen, die den «Aufrechten» bei der Feier ihres Vaterlandes die Sprache verschlagen, ohne Ironie zu würdigen – und hat Nachsicht und sogar Rührung übrig für die utopische Idylle, mit welcher der junge Hediger in die Lücke springt.
An diesem bald hundertfünfzigjährigen Modell gibt es dies oder jenes, was Europäer des Jahres 2005 wiedererkennen können, auch wenn Keller in seinem helvetischen Sandkasten mit den für ihn typischen Diminutiven hantiert, vom «Fähnlein» bis zum «Vaterländchen». Sie befremden weniger, wenn man dahinter die Größe erkennen kann, die auch bei Weltreichen für die Verkleinerung sorgt, die ihnen gebührt. Der Tod wird im europäischen Diskurs nicht so bald ausgedient haben. Dafür sorgen die Tatsachen – etwa diejenigen, welche die Nachrichtenwelt zwischen den Jahren aufgeschreckt und verstört haben.

Da nahm der Tod die Gestalt einer alles zermalmenden Sturzwelle an: kein Gedanke an jenen Freund Hein, der im «Fähnlein» Kellers an die republikanische Herzkammer pocht, und zwar gerade dann, wenn es darin besonders festlich zugeht. Kein Urlaub von der Realität, der «ultimativen» Realität, die nicht nur für Lebewesen gilt, sondern auch für Staatswesen. Aber sie nimmt der Liebe nichts weg, im Gegenteil, sie ist der wahre Hintergrund dieser Liebe.

Moderne Verfassungen führen unter Menschenrechten oder gar Bürgerpflichten die Endlichkeit oder das Bewußtsein der Sterblichkeit nicht auf. Sie begegnet uns darin allenfalls in Form von Revisionsbestimmungen. Die Verfassung bekennt sich dazu, Menschenwerk zu sein, und dieses muß überholt werden können, um nicht eines Tages überholt zu sein. Aber ganz pflegen auch Verfassungen auf die Referenz des Ewigen nicht zu verzichten. Der Streit darüber, ob Gott wenigstens in der Präambel der Verfassung die Ehre zu geben sei, ist sogar im europäischen Verfassungskonvent wieder laut geworden.

Bei Keller finden wir eine merkwürdig radikale Lösung dieses Problems. Er hat auf das «Trugbild der Unsterblichkeit» auch in seinem persönlichen Glauben verzichtet. Aber sein Bild des Lebens – auch des Lebens seiner Republik – wird dadurch so verbindlich, daß es nicht ewig, sondern daß es endlich ist. Dies eben gibt dem Werk auch seine politische Würde. Dies, dies allein, macht es liebenswert. Es macht die Republik zu unserer Verwandten. Und für eine geliebte Verwandte muß man bereit sein, alles zu tun: auch das eigene Leben einzusetzen.

Damit aber wird das Gemeinwesen zum Gleichnis der Schöpfung, die immer wieder gerettet sein will. Das Gleichnis der Arche Noah, das der junge Hediger verwendet, kommt nicht von ungefähr. Das Kunststück der Kellerschen Schöpfung ist paradox: Es verzichtet auf Gott – genau so, wie die moderne Verfassung, streng genommen, auf Gott verzichten müßte, denn sie ist ja keine heilige Schrift, sondern ein Werk der immer fehlbaren Freiheit. Aber die Kunst Kellers setzt für den verlorenen Gott einen Platzhalter ein, der dem Menschenwerk den Dienst des nötigen Ernstes leistet. Als Lebensretter ist der Tod wahrhaftig eine unpassende Besetzung: aber eben dafür nimmt ihn die Kunst in Anspruch. Politisch wirken, heißt für sie: so handeln, als ob es für immer und ewig wäre – im vollen Bewußtsein der Tatsache, daß es das nicht ist und gar nicht sein dürfte. Es heißt: die Kraft aufbringen, dieses Handeln symbolisch zu verstehen, nicht als Mittel zu einem Zweck, sondern als ein Zweck und Ziel für sich selbst. Das ist nur dem anspruchsvollsten Bewußtsein möglich – oder dem selbstvergessenen. Demjenigen, das in seinem Geschäft so aufgehen kann wie ein Kind in seinem Spiel.

Natürlich beruht die reale Chance einer zivilen Gesellschaft, auch der europäischen, auf diesem zweiten Typus. Aber hinter ihm, und ihm zur Seite muß ein Charakter stehen, der weiß, was in Europa gespielt wird, und der immer noch wissen will, zu wissen wagt, was auf dem Spiel steht. Dafür braucht er nicht nur Passion, sondern auch einen starken Humor. Um es mit einem Kellerschen Paradox zu sagen: Er braucht keinen Gott, dafür Gottvertrauen um so mehr.

Es wird längst verständlich geworden sein, daß ich dieses Paradox als Baustoff für Europa nötig habe. Bei Keller begegnet es uns auf Schritt und Tritt. Und ich betrachte ihn als Sonderfall eines Schriftstellers, bei dem sich ästhetische Glaubwürdigkeit zugleich auf politische Tragfähigkeit testen läßt. Die Keimstelle für beides finde ich in einer Passage des «Grünen Heinrich» in der ersten Fassung. Angesichts der heimatlichen Frühlingslandschaft überfällt ihn das Bedürfnis, seinem Gott, den er bald in aller Form entlassen wird, ein Gelübde abzulegen: «Das ist sehr schön, o

Gott! Ich danke dir dafür, ich gelobe, das Meinige auch zu tun.» Für die Erfüllung des Gelübdes wird er Gott nicht mehr nötig haben: das liegt jetzt an ihm selbst. Und am Horizont dieser Erfüllung steht nicht, oder nicht allein, eine Künstlerlaufbahn (diese scheitert bekanntlich), sondern der Dienst am Gemeinwesen; es ist zugleich Dienst an seiner Selbstachtung. Über das Endliche daran bedarf er keiner Belehrung. Aber das erschüttert seine Motivation nicht, es vertieft sie.

Die Arche Noah, das Bild des jungen Hediger für die eidgenössische Gesellschaft, hat es in sich. Denn wie im biblischen Bericht war der stammeseigene Vatergott in jeder Gesellschaft der ursprüngliche Gesetzgeber, in Totem und Tabu allgegenwärtig, und mit der Macht ausgestattet, Sein Volk, wenn es Seinen Willen nicht tat, zu strafen oder gar zu vernichten. So geschehen in den Sintflutberichten, die in den alten Mythen fast aller Kulturvölker bezeugt sind. Als eigentlichen Prototyp aller anthropozentrischen Verfassungen aber wird man den Friedenspakt betrachten dürfen, den sich der Gott der Sintflut von ihrem Überlebenden, Noah, abnötigen ließ. Zum Zeichen, daß sich der Schöpfer zur Vernichtung seiner Menschengeschöpfe nie mehr werde hinreißen lassen, spannte er den Regenbogen über die gerettete Erde. Liest man diesen im Geiste von Goethes Farbenlehre, so symbolisiert sein Farbenspiel jenes in einer weiß-schwarzen Welt scheinbar ausgeschlossene Dritte, das sich zeigt, wo die Ränder des Gegensatzes sich berühren. «Am farbigen Abglanz haben wir das Leben» – Gott selbst verbürgt sich dafür, daß es dieses Leben geben darf: ein Leben mit der Erlaubnis zur bunten Vielfalt.

Was die religiösen Schriften verschweigen, und was Nietzsche, und nach ihm Freud, als ihre verborgene Wahrheit an den Tag gebracht haben: mit dem Friedenspakt entgeht der Vatergott auch dem eigenen Tode. Er wandelt sich in die Schöpfung und lebt in der Vielfalt ihrer Farben weiter.

Kellers Kunst, auch sein Dienst am Gemeinwesen, lebt von diesem Hintergrund. Sie ist immer noch, und nun in eigener Verantwortung erst recht, fortgesetzter Gottesdienst. Der Farbenreichtum im göttlichen Licht, unmetaphorisch: die nicht mehr schwarz-weiß betrachtete Verschiedenheit, wohl aber die Gleichberechtigung der Religionen und Kulturen, war denn auch die Quelle moderner Verfassungen. Die Materie, die sie ordneten, war, wie der Name sagt, vom mütterlichen, das hieß naturhaften Aspekt der Schöpfung abgeleitet. In der gesellschaftlichen Ordnung trat das sogenannte Naturrecht an die Stelle der sakralen Vor-Schrift wie in der Welt der Objekte das Naturgesetz an die Stelle des Dogmas. Freilich hatte der Vatergott in der staatlichen Praxis keineswegs ausgedient, aber seine eigentliche Domäne war nicht mehr die Welt, sondern die Nation. Da mußte er sich zitieren lassen als Muster disziplinierender Obrigkeit, als Begründer legitimer Macht, als Herr der Heerscharen, als Garant exklusiver Identität. Da war er der Gott, der Eisen wachsen ließ, und der Einzige, den selbst die Deutschen immer noch fürchteten, «und sonst niemand auf der Welt», wie Wilhelm II. drohend dazusetzte. «Nun danket alle Gott» – diesem Gott wurde nach gewonnener Schlacht Reverenz erwiesen, mit seinem Namen wurden, wie eh und je, Menschenopfer gerechtfertigt und Kriege begründet. Denn ihn dürstete noch immer nach dem Blut von Feinden, die immer zugleich *unsere* Feinde waren. Dieser Gott war seinen Völkern in Rauch und Feuer in zwei Weltkriegen vorangezogen, nach denen vom alten Europa nur noch Trümmer übrig waren. In jeder Nation mußte auch sein blutiger Altar zertrümmert werden, bevor man darauf ein anderes Europa errichten konnte. Denn dieser Gott der Völker hielt keinen Frieden, er erwies sich nicht als gesellschaftsfähig. Mit ihm war nicht, wie Noah versprochen, ein ewiger Bund zu schließen.

Und auf diesem Hintergrund verliert die Festrede des jungen Hediger alles Unverbindliche. Hier haben wir es mit einem Gott zu tun, der tot sein darf. Denn er ist für das Leben gerettet: das vielfältige Leben einer Gemeinschaft, die sich auch ihrerseits ihrer Sterblichkeit bewußt sein darf. Sie hat ihre Waffen, die in der Tell-Sage für einen Tyrannenmord benötigt wurden, nur noch zu festlichem Gebrauch. Sie kennt Verpflichtungen, aber sie fordert keine Opfer, die sie nicht selbst zu bringen bereit ist: zuerst das Opfer der Illusionen über ihre Auserwähltheit. Auch in aller Bescheidenheit ist man unvergleichlich, wie der nächste Beste; denn auch ihn gibt es nur einmal, nicht für immer, nicht einmal für lange. Er ist es wert, daß man ihn bemerkt und ihm Sorge trägt. Kellers verlorener Gott ist in der Arche mitgerettet; er darf als Eidgenosse einer gereiften – und dabei immer noch hinreichend komischen – Gesellschaft gefeiert werden.

Dieser Gott von Kellers Eidgenossenschaft ist es, den ich hier als nicht geborenen, aber gewordenen, oder doch werdenden, Europäer feiern möchte. Und ich hoffe, daß man sich seine Herkunft aus der Feder eines Schweizer Autors des 19. Jahrhunderts gefallen läßt. Gottfried Kellers Schweiz ist nicht mehr meine Schweiz, und doch kann ich mir mein Europa ohne seine verschwiegene Bundesgenossenschaft nicht einmal denken. Sein Werk erneuert den Vertrag des Regenbogens, ohne dafür Gottes zu bedürfen; er begnügt sich mit seiner Stellvertretung durch das Sicherste, was wir kennen, und das Menschlichste, was uns widerfahren kann. Es ist die Bürgschaft der eigenen Sterblichkeit, die einen Bundesbrief, der nicht Papier bleiben soll – auch einen europäischen Bundesbrief – dekken kann, mit dem rechten bescheidenen Gemeinsinn. Das ist ein starkes Stück paradoxer Bestandsgarantie, deren man sonst nur das größte Gottvertrauen für fähig halten sollte.

Beim gläubigen Katholiken Eichendorff klingt es so: «Du bist's, der, was wir bauen / Still über uns zerbricht / Daß wir den Himmel schauen / Darum so zag ich nicht». Aber so hell dieser Himmel leuchtet: das Bild der Erde, über dem er sich öffnet, könnte nicht dunkler sein: «Wer lebte denn auf Erden / Wer hielt den Jammer aus / Wer möcht geboren werden / Hieltst du nicht droben Haus?» Das Gegenstück des gläubig-gottlosen Keller ist von einer ganz andern, der Schwermut eher verwandten als entgegengesetzten Festlichkeit bewegt:

«Die Zeit geht nicht, sie stehet still / Wir ziehen durch sie hin; / Sie ist ein Karavanserai, / Wir sind die Pilger drin. / Ein Etwas, form- und farbenlos, / Das nur Gestalt gewinnt, / Wo ihr drin auf und nieder taucht / Bis wieder ihr zerrinnt. / Es blitzt ein Tropfen Morgentau / Im Strahl des Sonnenlichts – / Ein Tag kann eine Perle sein / Und hundert Jahre – Nichts! (...) An dich, du wunderbare Welt, / Du Schönheit ohne End'! / Schreib ich 'nen kurzen Liebesbrief / Auf dieses Pergament. / Froh bin ich, daß ich aufgetaucht / In deinem runden Kranz / Zum Dank trüb' ich die Quelle nicht / Und lobe deinen Glanz.»

Das ist kein geringes Stück politischer Mystik – aber ich kann nicht sehen, wie wir bei dem Projekt Europa ohne sie, ohne den Glauben an ihre reale Möglichkeit auskommen. Denn Kellers Eidgenossenschaft bringt der europäischen Union eine rettende Gnade zu, die allen Vaterländern, allen Staatswesen notorisch fremd zu sein pflegt: Humor, einen abgründigen, weil am Tode gereiften Humor in eigener Sache. Europa, der tragische Erdteil, kann humoristisch betrachtet, muß in humoristischem Geiste aufgebaut werden: Das mag ein ungewohnter Gedanke sein. Aber der Humor, den ich meine, ist nichts anderes als die zuverlässige Verkleinerungsform jeden Größenwahns. Und dieser eigensinnige Humor zeigt sich bei Keller in einer Verbindung, die in einer so irdischen, so endlichen Sache wie einem politischen Bündnis nicht minder überraschend sein mag. Es ist die Verbindung mit Passion, im vollen, auch im christlichen Sinn des Wortes. Europa ist, wie die Eidgenossenschaft, ein Gegenstand passionierten Humors, humoristischer Passion: Vielleicht muß man, wie Keller selbst, ein Liebhaber Jean Pauls sein, um diese Verbindung für so zwingend zu halten, wie sie sein kann, und für so repräsentativ für die Physiognomie Europas, für sein mögliches Gesicht.

Die Passion, die in Europa, für Europa gefragt ist, zeigt sich im Umgang mit dem Kleinen, scheinbar Gleichgültigen, als dankbare Liebe zu jeder Einzelheit, die es nur einmal gibt, nie wieder. Dafür stehen sie zusammen gut, das reiche Leben, und die unvermeidliche Vergänglichkeit. So, nicht anders, müßte auch Europa sich zeigen: als ein Kontinent, in dem nichts gleichgültig, nichts zweiten Ranges ist; wo man mit Liebe bei jedem Schritte verweilt, weil es zwar wohl gar keine, gewiß aber keine andere Garantie dafür gibt, daß so, und nur so, der Weg, den wir nicht kennen, zum richtigen wird. Europa, das Artefakt, muß gebaut werden, wie es ein ganz ungewöhnlicher Künstler erzählen müßte: mit starkem Humor und gebildeter Passion.

Ein zu anspruchsvolles Programm? Unterschätzen wir die Realität nicht: Sie hat noch viele Dimensionen mehr; sie bringt auch noch die strukturelle Ironie mit, jede davon durch Mehrdeutigkeit zu unterwandern. Für die Stärke des Humors wird auch seine Unfreiwilligkeit sorgen, wenn es das Bewußtsein der eigenen Grenze nicht tut. Und die Passion mag wie immer begründet sein: Ein so gebildeter Stoff, wie es die europäische Vielfalt ist, wird sie subtil machen, wenn sie denn überhaupt etwas bewirken will; vielleicht ist es nur nicht eben das Beabsichtigte. Europa ist eine geniale Materie. Zu meistern ist sie von keinem, aber sie wird sich auch des schlichtesten Handwerks, des einfachsten Interesses, der durchsichtigsten Politik zu bedienen wissen – und der Praktiker noch lieber als der Visionäre. Europa, der feingliedrige Erdteil, bleibt robust genug in seiner Fähigkeit, von Widersprüchen schlauen Gebrauch zu machen. Man darf es der List der Vernunft, die hier heimisch ist, zutrauen, auch mit der vielfältigsten Unvernunft fertig zu werden – Frieden vorausgesetzt.

Um es konventioneller zu sagen: Europa hat keine Kultur, aber es ist ein Kulturprojekt, ein Lehrstück ohne Lehre vom Umgang der Verschiedenen miteinander, bei dem uns nicht zu kümmern braucht, ob es Geschichte mache. Denn es wird, als tägliche Praxis, eine Geschichte *sein.* Es wird Gewohnheiten schaffen, die wir nicht einmal europäisch nennen müssen, um uns darin wiederzuerkennen und gar wohlzufühlen. Die Kultur, die ich meine, zeigt sich in der selbstverständlichen Annahme auch unerwarteter, aber ebenfalls selbstverständlicher Konflikte, und in der zunehmenden Gelassenheit bei ihrer Behandlung.

Die europäische Kultur, das meine ich in humoristischem Ernst, hat ihre Vorbilder in der Kunst. Alexander, genannt der Große, hat sich nach Achilles, einer von Homer – seinerseits eine Kunstfigur – geschaffenen Erfindung modelliert, und mit seiner Kopie die Realität seiner Zeit sehr nachhaltig verändert. Und ohne den kleinwüchsigen Gottfried Keller gerade im selben Atemzug nennen zu wollen, auch sein Bild der Schweiz, mit dem er der Republik seine Dankesschuld zahlte, hat zu ihrem Selbstverständnis nicht wenig beigetragen. Ein Effekt, der ihm bewußt und sogar beabsichtigt war: Man müsse, erklärte er einem kritischen Freund, dem «allzeit trächtigen Nationalgrundstock», wie schwangeren Frauen, schöne Bildwerke vor Augen halten, damit sie etwas Besseres hervorbrächten, als sie von Haus aus seien.

Das Vorbild für diese ästhetische Erziehung des Gemeinwesens brauchte er damals nicht weit zu suchen: Es war Schillers «Tell», ohne den auch die Schützenfeste des jungen Bundesstaates nicht geworden wären, was sie waren, und der, wie im «Grünen Heinrich» unter dem vielsagenden Titel «Fastnacht» beschrieben, aus dörflichen Laiendarstellern bessere Bürger machte. Der Unterschied zu Kellers Zeiten besteht, in der heutigen Schweiz ebenso wie im vereinigten Europa, darin, daß seine Darsteller und Bürger kein Skript mehr haben, nach dem sie agieren. Hoffen wir, daß sie auch keines mehr kennen müssen: Die historische Bühne schaffe gewissermaßen ihre eigene Besetzung und wisse auch bei größter Einfalt der Darsteller für einen doppelten Boden ihrer Handlungen zu sorgen.

Der Hintergrund für Kellers Föderalismus bleibt das Freundschaftswerk des Bundesstaats, und die lebenslängliche Freude daran ließ er sich auch im «Martin Salander», dem grauen Fresko einer käuflich gewordenen Republik, nicht ganz verbittern. Ihr Heil suchte der gealterte Dichter keineswegs in der (erst 1874 eingeführten) «direkten Demokratie», die er als Einladung für Populisten und Demagogen empfand, sondern in einer sachlichen Repräsentation der Verschiedenen in einem zurückhaltenden Ganzen. Kulturell *keine* Einheit zu sein, blieb für Keller die politische *raison d'être* des Bundes, dem der freie Wille seiner Teilnehmer zugrunde lag. Darum sollten sie nicht bloße Glieder sein, sondern eben Staatswesen mit Haupt und Gliedern bleiben, und was der Foederatio zur Confoederatio fehlte, war einem höheren Gemeinsinn, dem Prinzip Bundesgenossenschaft aufgegeben. Dieses reichte schon zu Kellers Lebzeiten weiter als die Landesgrenzen. Der junge Mann, der angesichts des Rheins von dem Tag geträumt hatte, an dem er Schweizer *und* Deutscher sein dürfe, hatte sich danach nicht etwa aus nationalen, sondern aus politischen Gründen zur Ordnung gerufen: solange Deutschland eine Domäne der Fürsten, ihrer Diener und Büttel war, galt es für den Schweizer, die Grenze der Republik zu hüten – als Treuhänder einer *europäischen* Hoffnung. Aber auch der konservative Gegenspieler von Kellers Jugend,

Bluntschli, der im sogenannten «Züri-Putsch» (übrigens: «Putsch» ist der Beitrag des Zürichdeutschen zur politischen Weltsprache) vorübergehend an die Regierung gekommen war, hielt danach in seinem Münchner Exil als Staatsrechtslehrer das Prinzip «Eidgenossenschaft» für einen Entwurf des vereinigten Europa; er war das eidgenössische Modell – bis auf sein Kernstück, den Föderalismus – seiner Verallgemeinerung zu opfern bereit. Seltsame Konvergenz des eingefleischten Konservativen und des ehemaligen 48er-Radikalen! Aber findet sich ihre Spur nicht schon im «Fähnlein» vorgezeichnet, in Frymanns Lob der Sterblichkeit seines Vaterlandes? «Ist die Aufgabe eines Volkes gelöst, so kommt es auf einige Tage längerer oder kürzerer Dauer nicht mehr an, neue Erscheinungen harren schon an der Pforte ihrer Zeit.» Heute kann es weniger denn je verboten sein, den Index der Zukunft, der in diesen so kühnen wie gelassenen Worten steckt, als *europäische* Mitgift der Schweiz zu lesen: ein 150 Jahre vorgezogenes Vermächtnis, das sie am natürlichen Ende ihrer glorreichen, jedenfalls gewinnbringenden Isolation immer noch anzutreten hat. Heute ist sie «von Freunden umzingelt», denen sie weder den republikanischen Gedanken bringen muß, noch Respekt für Menschen- und Bürgerrechte voraus hat, und was die Neutralität betrifft, ist sie immer nur ein Mittel, nie ein Ziel des Staates gewesen, auch wenn die charakteristische Vermischung von beidem der Schweiz im 20. Jahrhundert wohl das Leben gerettet hat. Doch an dem ist es heute nicht mehr; die Schweiz hat im vereinigten Europa kein Prinzip mehr zu verlieren, wohl aber eine kulturstiftende Erfahrung beizutragen, wenn sie sich nach außen für eine Föderation öffnet, die sie im Innern – anders als die andern – seit Jahrhunderten praktiziert.

In der *peinture naïve* des jungen Karl Hediger könnte sich das Lob der Eidgenossenschaft, ins Europäische transponiert, vielleicht so ausnehmen:

«Wie kurzweilig ist es, daß es nicht einen eintönigen Schlag Europäer, sondern daß es Finnen und Portugiesen, katholische und protestantische Iren, französische und spanische Basken gibt, und sogar dreierlei Bosnier! Daß es nicht nur eine serbische Geschichte gibt, sondern auch eine albanische Geschichte! Diese Mannigfaltigkeit in der Einheit, welche Gott uns erhalten möge, ist die rechte Schule der Freundschaft, und erst da, wo die politische Zusammengehörigkeit zur Freundschaft eines ganzen Volkes wird, da ist das Höchste gewonnen! Denn was der Bürgersinn nicht ausrichten sollte, das wird die Freundschaft vermögen, und beide werden zu einer Tugend werden!»

Das war schon in der Schweiz von 1860 eine starke, durch Festlichkeit entschuldigte Idealisierung – für Europa ist es dies immer noch, und wohl noch lange eine Utopie. Aber als solche steht sie der Realität um viele Schritte der Zivilisation immer noch näher, als wenn die Rede auf den Nahen Osten oder auf Afrika gemünzt wäre. Da wäre sie die schiere Verrücktheit. So wie der junge Hediger redet niemand über die EU, und natürlich ist das gut so. Europäer, und Deutsche besonders, bei denen die besten Köpfe fähig waren, den Staat als Verkörperung des Weltgeistes zu betrachten, Europäer haben sich in dieser Hinsicht Grund genug für eine Nüchternheit geliefert, die dem angelsächsischen Denken immer natürlich war. Der Staat, auch der wohlgeordnete, bleibt ein Notstaat. Sein Gewaltmonopol ist unter allen Formen des Gewaltgebrauchs nur das geringste der Übel, und auch dann verlangt sie, im Sinne Montesquieus, weiter geteilt zu werden, damit der Schutz der Menschenrechte, die für Europäer zuerst Individualrechte sind, eine Chance habe. Der Staat wird nicht zum Lieben geschaffen, auch die europäische Staatsform nicht; dazu muß man sich immer wieder an die Antwort des liberalen Gustav Heinemann erinnern: er liebe nicht den Staat, er liebe seine Frau.

Und so enthält dieser Text, nicht anders als Hedigers Festrede, eine gezielte Überforderung des Staats- und des Ge-

meinwesens. Der Staat verdient auch als Polis keine Idealisierung; genug, wenn er eine Versicherung gegen die gröbste Unordnung seiner Bürger ist. Bleibt die Ordnung, die er verhängt, ihrerseits kontrollierbar, der Korrektur freier Wahlen ausgesetzt, achtet sie Menschenwürde und Bürgerrechte, ist sie schön genug und bedarf der Beschönigung so wenig, wie sie diese verdient. Die verfeindeten Nordiren oder Zyprioten werden noch lange keine *Freunde* dadurch, daß sie in der EU daran gehindert werden, übereinander herzufallen. Kohl und Mitterrand Hand in Hand auf einem Kriegerfriedhof: das darf einem eine Geste zuviel sein.
Aber selbst auf der Notgrundlage des Staates – auch der Europäischen Union – ist mehr möglich, als sich der zynische Pragmatismus früherer Jahrzehnte und Jahrhunderte je träumen ließ. Es war möglich, es ist dauerhaft möglich, daß Franzosen und Deutsche, Polen und Deutsche, Türken und Griechen, Serben und Bosnier ihre Trennung nicht vergessen, aber mit Intelligenz und Vorstellungsvermögen behandeln. Es ist möglich, daß Politik noch nicht menschlich, aber vernünftig wird, weil sie nicht nur vernünftigen Institutionen, sondern aufmerksamen Bürgern Rechenschaft darüber schuldet, was sie tut oder läßt. Es ist vielleicht sogar möglich, daß die Politik etwas von ihrer Priorität über die Wirtschaft zurückgewinnt, statt ihr Handlanger, Dienstbote oder Nachtwächter zu sein. Es ist möglich, daß Europäer gegenseitige Gastlichkeit lernen und damit zu einer gastlichen Kultur des Planeten nicht unmerklich beitragen.
Politisch erträglich ist der bescheidene Überschwang der «Fähnlein»-Rede ja auch darum, weil sie keinen Staat feiert, sondern – in der gehobenen Form einer Festgemeinde – eine heterogene Gesellschaft, die es zur Nation so wenig schaffen muß, wie die Schweiz eine geworden ist. Aber sie hat ein gemeinschaftliches und gemeinsinniges Gefäß für ihre Verschiedenheit, eben einen Bund geschaffen, den

seine Widersprüche nicht zerrissen haben; der sich langlebiger gezeigt hat als Illusion und Desillusion. Die vielfältig geteilte Schweiz hat, als Eidgenossenschaft, einen Spaltungshemmer entwickelt, der sich, alles in allem, als wirkungsvoller, weil solider gezeigt hat als Glaubensbekenntnisse und Ideale, die ihre Spaltungsbereitschaft gewissermaßen schon in der genetischen Information mitführen. Wenn die Schweiz auf eine Idee angewiesen wäre, existierte sie wohl längst nicht mehr.

Was sie hat und braucht, ist die dem Lebendigen eigene Kunst, sich in einer Nische einzurichten und darin ein immer neues Fließgleichgewicht zu suchen. Als *patchwork*, als *bricolage*, nicht mehr als Heilsgeschichte, betrachtet auch die moderne Lebenswissenschaft die Evolution. Das Genie des Lebens bestehe in der findigen Reaktion auf das Unvorhergesehene, nicht auf einem teleologischen Programm der angepeilten Höherentwicklung bis zum Menschen (und womöglich über ihn hinaus). Auch das Leben beruht also auf einer Kompetenz, die Goethe «zarte Empirie» genannt hat. Sie ist ein fortgesetzter Versuch von Fall zu Fall.

Hätte die Schweiz eine europäische Idee – auch ich unterliege manchmal dem Anfall, ihr eine solche zu wünschen –, so könnte sie vielleicht so aussehen:

«Ich habe einen Traum: diese kleine Nation gibt sich eine neue, kräftige Vision. Wir versammeln das Beste in uns, wir brechen auf nach Europa. Ich habe einen Traum. Europa ist das Labor einer neuen Gesellschaft für 450 Millionen Menschen. Nirgendwo wurde der soziale Konflikt so gut gezähmt. Weil die Neoliberalen alles kurz und klein schlagen, ist das Modell in Gefahr. Doch wir werden die Hefe seiner Renaissance sein, mit unseren sozialen Errungenschaften, unserer Stabilität, unserer direkten Demokratie. Ich habe einen Traum. Die EU steht auf gegen das Empire – und wir sind dabei. Wir werden die Festung Europa einreißen und die Grenzen öffnen. Wir werden die fortschrittlichen Kräfte des Kontinents mobilisieren, um neue Formen der Gerechtigkeit zu erstreiten. Die Hoffnungen der Welt, sagt Jeremy Rifkin, gründen auf einer neuen Generation von Europäern.

Hier steht die Lebensqualität höher als der Gewinn, die Nachhaltigkeit gilt mehr als das Wachstum. Ich habe einen Traum. Holen wir die 500 besten Köpfe der Welt nach Bern und geben ihnen das Bundeshaus Ost, als Weltpolitikforum. Machen wir die Schweiz zum globalen Kommunikations- und Friedenszentrum. Organisieren einen Rat der Zivilgesellschaft, der NGOs, als zweite Kammer des Europarlaments. Europa kann an der Schweiz genesen – und wir an Europa –»

Hier bricht der Text der Rede ab. Ja, sie ist nur ein Traum. Ein Journalist der WochenZeitung, die etwa der deutschen taz entspricht, hat sie einer sozialdemokratischen Politikerin der Schweiz in den Mund gelegt – die sie nie gehalten hat. Und der stellvertretende Träumer erklärt in der Folge, warum nicht; er tut es mit Bedauern, das ich zu teilen vermag: Denn ja, so würde auch mein Wunsch an die gute Fee ungefähr klingen, wenn ich einen frei hätte. Aber dafür müßte auch ich tief am Träumen sein. In wachem Zustand wüßte ich, daß ich Mutter Helvetia damit nur Würste in die Nase und die Ohren gewünscht hätte. Im Klartext: ich hätte ihr Gehör und ihre Witterung zerstört, und müßte mir dringend einen zweiten Wunsch wünschen, um sie davon wieder zu befreien.

Die Realität meines Landes sieht so aus, daß der sogenannte Kohäsionsbeitrag, den die Schweiz der EU leistet, um ihr nicht beitreten zu müssen und doch von ihren Leistungen zu profitieren, aus dem Haushaltsposten Entwicklungszusammenarbeit genommen und dieser entsprechend gekürzt wird. Und das im Augenblick stürmischer privater Hilfsbereitschaft für die Opfer der Flutkatastrophe im Indischen Ozean. Ich sage nicht, das sei ungemein schweizerisch; es ist ungemein menschlich. So sieht das Wasser aus, mit dem die Politik kocht. Aus dem Stoff der Träume, der Visionen ist es nicht, und in der Schweiz besonders wenig.

Ich sage auch nicht «gottlob» dazu. Aber ich stelle fest, daß der notorische Pragmatismus der Schweizer sie nicht gehindert hat, ihrem Bündnis so pragmatisch die Treue zu halten, wie es die Treue wohl verlangt: mit allen nur möglichen – auch schäbigen – Kompromissen; mit allen Schlichen der Konfliktvermeidung; mit einem zuverlässig unheroischen Bedürfnis nach Konkordanz.

Die Schweiz hat viele Jahrhunderte, soweit überhaupt, so gehandelt, als ob sie ein Selbstzweck wäre. Auf mehr als schlichten Bestand war es nicht abgesehen, aber mit diesem Minimum hat sie die materielle Existenz, aber auch die politische Kompetenz ihrer Bürgerinnen und Bürger gar nicht wenig verbessert. So ernsthaft wie möglich, so humoristisch wie nötig, meine ich: davon könnte sich die Europäische Union etwas abschneiden. Damit Europa, als Vorgriff auf eine planetarische Friedensordnung, kein Selbstzweck bleibe, muß es einstweilen, wie die pragmatische Konkordanz der Schweiz, ein Selbstzweck sein und bleiben dürfen. Es ist mehr als hinreichend, es wäre schon ein noch nie dagewesenes Wunder der Geschichte, wenn der Bündnisrahmen einstweilen seinen schlichten Zweck erfüllte: den Teilnehmern ein nicht nur würdiges, relativ sicheres, sondern ein selbstbestimmtes, ein eigen-sinniges Leben zu ermöglichen.

Europa, ein Raum, in dem, statt globalisierter Anästhesie, Gefühl für Ort und Zeit wiederkehren, für begrenzte Dauer, befristete Heimat: was für ein Traum von Europa! Wie wach müssen Leute werden, die ihn träumen!

Europa war keine Europäerin – mit diesem symbolischen Satz habe ich begonnen. Er verlangt den Gegensatz: und der ist mir am Neujahrstag ausgerechnet in Istanbul zugefallen, an einer Grenze Europas, die ich im dritten Kapitel gezogen hatte, im vollen Bewußtsein der Willkür. Am Bosphorus wurde sie durch den Augenschein bestätigt: kein Fahrzeug, dessen Kennzeichen, über dem TR, nicht vorsorglich Format und Farbe des erwünschten Bündnisses vorwegnahm; fehlte im blauen Feld nur noch der Sternenkranz. Am Bosphorus! Das Wort selbst brachte mich ins Grübeln: unverhofft mit «h» geschrieben, begann sein mythologischer Hintergrund aufzuleuchten. Über die «rindertragende» Meerenge war Io, eine Geliebte des Zeus, auf der Flucht vor der Rache der Göttermutter Hera von Europa nach Asien geschwommen. Geschichte gegen Geschichte: Der Herr des Olymp hatte Stiergestalt angenommen, um die Fremde in den Erdteil zu entführen, dem sie ihren Namen geben sollte; die Einheimische floh in Kuhgestalt vor eben diesem Europa und seinen Göttern in der umgekehrten Richtung, so weit sie die Füße trugen. Oder – da der Beiname Heras, die «kuhäugige», auf einen intimen Zusammenhang der Jägerin mit der Gejagten schließen läßt – floh sie nicht eigentlich vor sich selbst?

So unlösbar hängt das Eigene mit dem Andern zusammen, wenn man es aus der Nähe betrachtet. Die Betrachtung der Sage ist in diesem Fall die realistische, und die eigentliche Mythologie beginnt erst da, wo dieser Zusammenhang geleugnet wird. Dem «Mythus des 20. Jahrhunderts» (ein Buchtitel des NS-Ideologen Rosenberg) wurden Millionen von Europäern geopfert, in denen Europäer sich selbst nicht wiederzuerkennen behaupteten, mit der Folge, daß Europa seine eigenen Grundlagen zerstörte. Was bleibt, was aus der Zerstörung aufgegangen ist, an schrecklicher Einsicht, aber auch an neuer Realität, muß gründlich entmythologisiert sein und bleiben: Das gilt auch für das Zauberwort Europa. Auch seine Magie muß die europäische Politik «von ihrem Pfad entfernen», damit es der Mühe wert sei, ein Bürger dieses Erd-Teils zu sein. Er ist ein Teil des Planeten, nicht mehr, aber auch nichts Geringeres. Möge ihm sein Zusammenschluß gelingen, und möge ihn das Bündnis zugleich vor der Illusion bewahren, ein Ganzes zu sein und auf das Ganze zu gehen. Europa sei nichts weiter als eine empirische, will sagen, aus der eigenen Geschichte erwachsene, durch Erfahrung mit sich selbst bescheiden gewordene Größe; nichts mehr und nichts Geringeres als die sensible Summe seiner Teile, die ihrerseits kein Ganzes, und doch eigen-sinnige und autonome Einheiten sind; für diese sei sie, wo es nötig ist, handlungsfähig im Dienste einer geteilten – gastfreundlich geteilten – begrenzten und befristeten, aber einzigen Welt. Kein Mensch kann ungeteilt sein, als Europäer aber ist man verpflichtet, sich mit Wissen und Gewissen zu seiner Geteiltheit zu bekennen, denn das ist die Grundlage dafür, daß man die Welt mit andern teilen kann. Wer nicht, neben seiner Muttersprache, zwei andere spricht und schreibt, und vielleicht noch einige dazu lesen kann, der erfährt nicht, wie viel reicher an Farbe, Musik und Wahrheit auch die eigene Sprache wird, wenn sie nicht die einzige ist. Wer Minderheiten im eigenen Land nicht mit Neugier begegnen kann, statt sich auf Toleranz zu beschränken («dulden heißt beleidigen», meinte der alte Goethe), der wird nie eine rechte Vorstellung von der Gesellschaft gewinnen, der er angehört, denn in Europa sind alle Staatsbürger Angehörige einer Minderheit, ausnahmslos – auch Deutsche und Franzosen. Der Schlüssel zu Europa, einem gastlichen, gesellschafts- und zukunftsfähigen Europa, aber liegt nicht in Brüssel, sondern im persönlichen Haushalt jedes Einzelnen. Denn die Anerkennung des *Andern* ist an die Erkennung des *Andern in sich selbst* gebunden, also an den unerschrockenen, passionierten und humorvollen Blick für die Mehrsinnigkeit der eigenen Identität.